Smaker från Medelhavet 2023

En kokbok full av härliga recept

Ellen Birch

Innehållsförteckning

Havsabborre i en ficka 9

Krämig rökt laxpasta 11

Slow Cooker grekisk kyckling 13

Kycklinggyros 15

Slow Cooker Chicken Cassoulet 17

Turkietstek i grekisk stil 20

Vitlökskyckling med Couscous 22

Kyckling Karahi 24

Kyckling Cacciatore med Orzo 26

Slow Cooked Daube Provencal 28

Osso Bucco 30

Slow Cooker Beef Bourguignon 32

Balsamicobiff 35

Kalvgrytstek 37

Medelhavsris och korv 39

Spanska köttbullar 40

Blomkålsbiffar med olivcitrussås 42

Pistasch Mint Pesto Pasta 44

Burst Körsbärstomatsås med Angel Hair Pasta 46

Bakad tofu med soltorkade tomater och kronärtskockor 48

Bakad medelhavstempeh med tomater och vitlök 50

Rostade Portobellosvamp med grönkål och rödlök 53

Ricotta, basilika och pistagefylld zucchini 57

Farro med rostade tomater och champinjoner 59

Bakad orzo med aubergine, mangold och mozzarella 62

Kornrisotto med tomater 64

Kikärter och grönkål med kryddig pomodorosås 66

Rostad fetaost med grönkål och citronyoghurt 68

Rostad aubergine och kikärter med tomatsås 70

Bakade Falafel Sliders 72

Portobello Caprese 74

Champinjon- och ostfyllda tomater 76

Tabbouleh 78

Kryddig Broccoli Rabe Och Kronärtskocka Hjärtan 80

Shakshuka 82

Spanakopita 84

Tagine 86

Citrus pistagenötter och sparris 88

Tomat och persilja fylld aubergine 90

Ratatouille 92

Gemista 94

Fyllda kålrullar 96

Brysselkål med balsamicoglasyr 98

Spenatsallad med citrusvinägrett 100

Enkel selleri och apelsinsallad 101

Friterade auberginerullar 103

Skål med rostade grönsaker och brunt ris 105

Blomkålhash med morötter 107

Garlicky zucchini kuber med mynta 108

Zucchini och kronärtskockor skål med Faro 109

5-Ingrediens Zucchini Fritters 111

Marockansk Tagine med grönsaker ... 113

Kikärtssallad Wraps med selleri ... 115

Grillade grönsaksspett ... 116

Fylld Portobellosvamp med tomater ... 118

Vissnade maskrosgrönt med sötlök ... 120

Selleri och senapsgrönt ... 121

Grönsaker och Tofu Scramble ... 122

Enkla Zoodles ... 124

Lins och tomat Collard Wraps ... 125

Medelhavet grönsaksskål ... 127

Grillad grönsaks- och hummuswrap ... 129

Spanska gröna bönor ... 131

Rustik blomkål och morotshash ... 132

Rostad blomkål och tomater ... 133

Rostad ekollon squash ... 135

Sauterad vitlöksspenat ... 137

Garlicky sauterad zucchini med mynta ... 138

Stuvad Okra ... 138

Söt grönsaksfylld paprika ... 139

Moussaka aubergine ... 142

Grönsaksfyllda druvblad ... 144

Grillade auberginerullar ... 146

Krispiga Zucchini Fritters ... 148

Ostiga spenatpajer ... 150

Gurksmörgåsbitar ... 152

Yoghurtdip ... 153

Tomat Bruschetta ... 154

Oliver och ost fyllda tomater ... 156

Peppar Tapenade ... 157

Koriander Falafel ... 158

Hummus med röd paprika ... 160

White Bean Dip ... 161

Hummus med malet lamm ... 162

Aubergine Dip ... 163

Veggie Fritters ... 164

Bulgur lammköttbullar ... 166

Gurkabett ... 168

Fylld avokado ... 169

Inslagna plommon ... 170

Marinerad fetaost och kronärtskockor ... 171

Tonfiskkroketter ... 172

Rökt lax Crudités ... 174

Citrusmarinerade oliver ... 175

Olivtapenad med ansjovis ... 176

Grekiska Deviled ägg ... 178

Manchego kex ... 180

Burrata Caprese Stack ... 182

Zucchini-Ricotta Fritters med citron-vitlök Aioli ... 183

Laxfyllda gurkor ... 185

Getost – Makrillpaté ... 186

Smak av Medelhavets fettbomber ... 188

Avokado Gazpacho ... 189

Krabbkaka Salladskoppar ... 191

Orange-dragon kyckling sallad wrap ... 193

Feta och Quinoa fyllda svampar 195

Fem-ingrediens falafel med vitlök-yoghurtsås 197

Citronräkor med vitlök olivolja 199

Krispiga gröna bönfrites med citron-yoghurtsås 201

Hemgjorda havssalt Pita Chips 203

Bakad Spanakopita Dip 204

Rostad pärllöksdip 206

Röd paprika Tapenade 208

Grekiska potatisskal med oliver och fetaost 210

Kronärtskocka och oliv Pitabröd 212

Mini Crab Cakes 214

Zucchini Feta Rulader 216

Havsabborre i en ficka

Förberedelsetid: 10 minuter

Tillagningstid: 25 minuter

Portioner: 4

Svårighetsgrad: Genomsnittlig

Ingredienser:

- 4 havsabborrefiléer
- 4 skivade vitlöksklyftor
- 1 skivad selleristjälk
- 1 skivad zucchini
- 1 c. halverade körsbärstomater halverade
- 1 schalottenlök, skivad
- 1 tsk. torkad oregano
- Salt och peppar

Vägbeskrivning:

Blanda vitlök, selleri, zucchini, tomater, schalottenlök och oregano i en skål. Tillsätt salt och peppar efter smak. Ta 4 ark bakplåtspapper och placera dem på din arbetsyta. Skeda grönsaksblandningen i mitten av varje ark.

Toppa med en fiskfilé och slå sedan in papperet väl så att det liknar en ficka. Placera den inslagna fisken i en bakplåt och tillaga i den förvärmda ugnen vid 350 F/176 C i 15 minuter. Servera fisken varm och färsk.

Näring (för 100g): 149 Kalorier 2,8g Fett 5,2g Kolhydrater 25,2g Protein 696mg Natrium

Krämig rökt laxpasta

Förberedelsetid: 5 minuter

Tillagningstid: 35 minuter

Portioner: 4

Svårighetsgrad: Genomsnittlig

Ingredienser:

- 2 msk. olivolja
- 2 hackade vitlöksklyftor
- 1 schalottenlök, hackad
- 4 oz. eller 113 g hackad lax, rökt
- 1 c. gröna ärtor
- 1 c. tung grädde
- Salt och peppar
- 1 nypa chiliflakes
- 8 oz. eller 230 g pennepasta
- 6 c. vatten

Vägbeskrivning:

Sätt pannan på medelhög värme och tillsätt olja. Tillsätt vitlök och schalottenlök. Koka i 5 minuter eller tills den mjuknat. Tillsätt ärtor, salt, peppar och chiliflakes. Koka i 10 minuter

Tillsätt laxen och fortsätt koka i 5-7 minuter till. Tillsätt kraftig grädde, sänk värmen och koka i ytterligare 5 minuter.

Ställ under tiden en kastrull med vatten och salt efter din smak på hög värme så fort det kokar, tillsätt pennepasta och låt koka i 8-10 minuter eller tills den mjuknat. Häll av pastan, lägg till laxsåsen och servera

Näring (för 100g): 393 Kalorier 20,8g Fett 38g Kolhydrater 3g Protein 836mg Natrium

Slow Cooker grekisk kyckling

Förberedelsetid: 20 minuter

Tillagningstid: 3 timmar

Portioner: 4

Svårighetsgrad: Genomsnittlig

Ingredienser:

- 1 msk extra virgin olivolja
- 2 pund benfria, kycklingbröst
- ½ tsk koshersalt
- ¼ tsk svartpeppar
- 1 (12-ounce) burk rostad röd paprika
- 1 kopp Kalamata oliver
- 1 medelstor rödlök, skuren i bitar
- 3 msk rödvinsvinäger
- 1 msk finhackad vitlök
- 1 tsk honung
- 1 tsk torkad oregano
- 1 tsk torkad timjan
- ½ kopp fetaost (valfritt, för servering)
- Hackade färska örter: valfri blandning av basilika, persilja eller timjan (valfritt, för servering)

Vägbeskrivning:

Pensla slow cooker med nonstick matlagningsspray eller olivolja. Koka olivoljan i en stor stekpanna. Krydda båda sidor av kycklingbrösten. När oljan är varm, tillsätt kycklingbrösten och stek på båda sidor (ca 3 minuter).

När den är tillagad, överför den till långsamkokaren. Tillsätt röd paprika, oliver och rödlök till kycklingbrösten. Försök att lägga grönsakerna runt kycklingen och inte direkt ovanpå.

Blanda vinäger, vitlök, honung, oregano och timjan i en liten skål. När det är kombinerat, häll det över kycklingen. Koka kycklingen på låg nivå i 3 timmar eller tills den inte längre är rosa i mitten. Servera med smulad fetaost och färska örter.

Näring (för 100g): 399 Kalorier 17g Fett 12g Kolhydrater 50g Protein 793mg Natrium

Kycklinggyros

Förberedelsetid: 10 minuter

Tillagningstid: 4 timmar

Portioner: 4

Svårighetsgrad: Genomsnittlig

Ingredienser:

- 2 lbs. benfria kycklingbröst eller kycklingmör
- Saften av en citron
- 3 vitlöksklyftor
- 2 tsk rödvinsvinäger
- 2–3 matskedar olivolja
- ½ kopp grekisk yoghurt
- 2 tsk torkad oregano
- 2–4 tsk grekisk krydda
- ½ liten rödlök, hackad
- 2 matskedar dill ogräs
- Tzatziki sås
- 1 dl vanlig grekisk yoghurt
- 1 matsked dill ogräs
- 1 liten engelsk gurka, hackad
- Nypa salt och peppar
- 1 tsk lökpulver
- <u>För pålägg:</u>

- Tomater
- Hackad gurka
- Hackad rödlök
- Tärnad fetaost
- Smulat pitabröd

Vägbeskrivning:

Skiva kycklingbrösten i tärningar och lägg i långsamkokaren. Tillsätt citronsaft, vitlök, vinäger, olivolja, grekisk yoghurt, oregano, grekisk krydda, rödlök och dill i långsamkokaren och rör om så att allt är väl kombinerat.

Koka på låg i 5–6 timmar eller på hög i 2–3 timmar. Blanda under tiden alla ingredienser till tzatzikisåsen och rör om. När väl blandat, ställ in i kylen tills kycklingen är klar.

När kycklingen är klar, servera med pitabröd och något eller alla toppings som listas ovan.

Näring (för 100g): 317 kalorier 7,4g Fett 36,1g Kolhydrater 28,6g Protein 476mg Natrium

Slow Cooker Chicken Cassoulet

Förberedelsetid: 10 minuter

Tillagningstid: 20 minuter

Portioner: 16

Svårighetsgrad: Genomsnittlig

Ingredienser:

- 1 kopp torra marinblå bönor, blötlagda
- 8 kycklinglår utan skinn med ben
- 1 polsk korv, kokt och hackad i lagom stora bitar (valfritt)
- 1¼ kopp tomatjuice
- 1 (28-ounce) burk halverade tomater
- 1 msk Worcestershiresås
- 1 tsk instant nöt- eller kycklingbuljonggranulat
- ½ tsk torkad basilika
- ½ tsk torkad oregano
- ½ tsk paprika
- ½ dl hackad selleri
- ½ kopp hackad morot
- ½ kopp hackad lök

Vägbeskrivning:

Pensla långsamkokaren med olivolja eller nonstick-spray. Rör ihop tomatjuice, tomater, worcestershiresås, nötbuljong, basilika, oregano och paprika i en mixerskål. Se till att ingredienserna är väl kombinerade.

Placera kycklingen och korven i långsamkokaren och täck med tomatjuiceblandningen. Toppa med selleri, morot och lök. Koka på låg i 10–12 timmar.

Näring (för 100g): 244 Kalorier 7g Fett 25g Kolhydrater 21g

Slow Cooker Provencalsk kyckling

Förberedelsetid: 5 minuter

Tillagningstid: 8 timmar

Portioner: 4

Svårighetsgrad: Lätt

Ingredienser:

- 4 (6-ounce) skinnfria kycklingbrösthalvor med ben
- 2 tsk torkad basilika
- 1 tsk torkad timjan
- 1/8 tsk salt
- 1/8 tsk nymalen svartpeppar
- 1 gul paprika, tärnad
- 1 röd paprika, tärnad
- 1 (15,5 ounce) burk cannellinibönor
- 1 (14,5-ounce) burk petite tomater med basilika, vitlök och oregano, odränerad

Vägbeskrivning:

Pensla långsamkokaren med nonstick olivolja. Tillsätt alla ingredienser i långsamkokaren och rör om för att kombinera. Koka på låg i 8 timmar.

Näring (för 100g): 304 kalorier 4,5 g Fett 27,3 g Kolhydrater 39,4 g Protein 639 mg Natrium

Turkietstek i grekisk stil

Förberedelsetid: 20 minuter

Tillagningstid: 7 timmar och 30 minuter

Portioner: 8

Svårighetsgrad: Genomsnittlig

Ingredienser:

- 1 (4-pund) benfritt kalkonbröst, trimmat
- ½ dl kycklingbuljong, delad
- 2 matskedar färsk citronsaft
- 2 dl hackad lök
- ½ kopp urkärnade Kalamata-oliver
- ½ dl oljepackade soltorkade tomater, tunt skivade
- 1 tsk grekisk krydda
- ½ tsk salt
- ¼ tesked nymalen svartpeppar
- 3 msk universalmjöl (eller fullkornsvete)

Vägbeskrivning:

Pensla långsamkokaren med nonstick-spray eller olivolja. Tillsätt kalkonen, ¼ kopp kycklingbuljong, citronsaft, lök, oliver, soltorkade tomater, grekisk krydda, salt och peppar i långsamkokaren.

Koka på låg i 7 timmar. Gissla mjölet i den återstående ¼ koppen kycklingbuljong och rör sedan försiktigt ner i den långsamma kokaren. Koka i ytterligare 30 minuter.

Näring (för 100g): 341 Kalorier 19g Fett 12g Kolhydrater 36,4g Protein 639mg Natrium

Vitlökskyckling med Couscous

Förberedelsetid: 25 minuter

Tillagningstid: 7 timmar

Portioner: 4

Svårighetsgrad: Genomsnittlig

Ingredienser:

- 1 hel kyckling, skuren i bitar
- 1 msk extra virgin olivolja
- 6 vitlöksklyftor, halverade
- 1 dl torrt vitt vin
- 1 kopp couscous
- ½ tsk salt
- ½ tsk peppar
- 1 medelstor lök, tunt skivad
- 2 tsk torkad timjan
- 1/3 kopp fullkornsmjöl

Vägbeskrivning:

Koka olivoljan i en tjock stekpanna. När stekpannan är varm, tillsätt kycklingen för att bryna. Se till att kycklingbitarna inte rör vid varandra. Koka med skinnsidan nedåt i cirka 3 minuter eller tills de fått färg.

Pensla din slow cooker med nonstick-spray eller olivolja. Lägg löken, vitlöken och timjan i långsamkokaren och strö över salt och peppar. Rör ner kycklingen ovanpå löken.

I en separat skål, vispa ner mjölet i vinet tills det inte finns några klumpar, häll sedan över kycklingen. Koka på låg i 7 timmar eller tills den är klar. Du kan laga mat på hög i 3 timmar också. Servera kycklingen över den kokta couscousen och skeda såsen över.

Näring (för 100g): 440 kalorier 17,5 g Fett 14 g Kolhydrater 35,8 g Protein 674 mg Natrium

Kyckling Karahi

Förberedelsetid: 5 minuter
Tillagningstid: 5 timmar
Portioner: 4
Svårighetsgrad: Lätt

Ingredienser:

- 2 lbs. kycklingbröst eller lår
- ¼ kopp olivolja
- 1 liten burk tomatpuré
- 1 msk smör
- 1 stor lök, tärnad
- ½ kopp vanlig grekisk yoghurt
- ½ kopp vatten
- 2 msk ingefära i vitlökspasta
- 3 matskedar bockhornsklöver blad
- 1 tsk mald koriander
- 1 medelstor tomat
- 1 tsk röd chili
- 2 gröna chili
- 1 tsk gurkmeja
- 1 msk garam masala
- 1 tsk spiskumminpulver
- 1 tsk havssalt
- ¼ tesked muskotnöt

Vägbeskrivning:

Pensla långsamkokaren med nonstick-spray. Blanda alla kryddorna noggrant i en liten skål. Blanda i kycklingen till långsam kokaren, följt av ingrediensernas vila, inklusive kryddblandningen. Rör om tills allt är väl blandat med kryddorna.

Koka på låg i 4–5 timmar. Servera med naanbröd eller italienskt bröd.

Näring (för 100g): 345 kalorier 9,9 g Fett 10 g Kolhydrater 53,7 g Protein 715 mg Natrium

Kyckling Cacciatore med Orzo

Förberedelsetid: 20 minuter

Tillagningstid: 4 timmar

Portioner: 6

Svårighetsgrad: Lätt

Ingredienser:

- 2 pund skinn-på kycklinglår
- 1 msk olivolja
- 1 dl champinjoner, i fjärdedelar
- 3 morötter, hackade
- 1 liten burk Kalamata oliver
- 2 (14-ounce) burkar tärnade tomater
- 1 liten burk tomatpuré
- 1 dl rött vin
- 5 vitlöksklyftor
- 1 kopp orzo

Vägbeskrivning:

Koka olivoljan i en stor stekpanna. När oljan är uppvärmd, tillsätt kycklingen med skinnsidan nedåt och stek den. Se till att kycklingbitarna inte rör vid varandra.

När kycklingen är brynt, lägg i den långsamma kokaren tillsammans med alla ingredienser utom orzo. Koka kycklingen på låg nivå i 2 timmar, tillsätt sedan orzo och koka i ytterligare 2 timmar. Servera med ett knaprigt franskbröd.

Näring (för 100g): 424 kalorier 16 g fett 10 g kolhydrater 11 g protein 845 mg natrium

Slow Cooked Daube Provencal

Förberedelsetid: 15 minuter

Tillagningstid: 8 timmar

Portioner: 8

Svårighetsgrad: Genomsnittlig

Ingredienser:

- 1 msk olivolja
- 10 vitlöksklyftor, hackade
- 2 pund benfri chuckstek
- 1½ tsk salt, delat
- ½ tsk nymalen svartpeppar
- 1 dl torrt rött vin
- 2 dl morötter, hackade
- 1½ dl lök, hackad
- ½ dl nötbuljong
- 1 (14-ounce) burk tärnade tomater
- 1 msk tomatpuré
- 1 tsk färsk rosmarin, hackad
- 1 tsk färsk timjan, hackad
- ½ tsk apelsinskal, rivet
- ½ tsk mald kanel
- ¼ tesked mald kryddnejlika
- 1 lagerblad

Vägbeskrivning:

Värm upp en stekpanna och tillsätt sedan olivoljan. Tillsätt hackad vitlök och lök och koka tills löken är mjuk och vitlöken börjar få färg.

Tillsätt det tärnade köttet, salt och peppar och koka tills köttet har fått färg. Överför köttet till långsamkokaren. Blanda i nötköttsbuljongen i stekpannan och låt puttra i cirka 3 minuter för att avglasa pannan, häll sedan i långsam kokare över köttet.

Tillsätt resten av ingredienserna i långsamkokaren och rör om väl för att kombinera. Ställ in slow cooker på låg och koka i 8 timmar, eller ställ in på hög och koka i 4 timmar. Servera med en sida av äggnudlar, ris eller något knaprigt italienskt bröd.

Näring (för 100g): 547 kalorier 30,5 g Fett 22 g Kolhydrater 45,2 g Protein 809 mg Natrium

Osso Bucco

Förberedelsetid: 30 minuter

Tillagningstid: 8 timmar

Portioner: 3

Svårighetsgrad: Genomsnittlig

Ingredienser:

- 4 oxlägg eller kalvlägg
- 1 tsk havssalt
- ½ tesked mald svartpeppar
- 3 matskedar fullkornsmjöl
- 1–2 matskedar olivolja
- 2 medelstora lökar, tärnade
- 2 medelstora morötter, tärnade
- 2 stjälkselleri, tärnade
- 4 vitlöksklyftor, hackade
- 1 (14-ounce) burk tärnade tomater
- 2 tsk torkade timjanblad
- ½ dl nöt- eller grönsaksfond

Vägbeskrivning:

Krydda skaften på båda sidor, doppa sedan i mjölet för att täcka. Värm en stor stekpanna över hög värme. Tillsätt olivoljan. När oljan är varm, tillsätt skaften och bryn jämnt på båda sidor. När den är brun, överför den till långsamkokaren.

Häll fonden i stekpannan och låt puttra i 3–5 minuter under omrörning för att avglasa pannan. Överför resten av ingredienserna till den långsamma kokaren och häll fonden från stekpannan över toppen.

Justera långsamkokaren till låg och koka i 8 timmar. Servera Osso Bucco över quinoa, brunt ris eller till och med blomkålsris.

Näring (för 100g): 589 Kalorier 21,3g Fett 15g Kolhydrater 74,7g Protein 893mg Natrium

Slow Cooker Beef Bourguignon

Förberedelsetid: 5 minuter

Tillagningstid: 8 timmar

Portioner: 8

Svårighetsgrad: Svår

Ingredienser:

- 1 msk extra virgin olivolja
- 6 uns bacon, grovt hackad
- 3 pund oxbringa, trimmad av fett, skuren i 2-tums kuber
- 1 stor morot, skivad
- 1 stor vit lök, tärnad
- 6 vitlöksklyftor, hackade och delade
- ½ tsk grovt salt
- ½ tsk nymalen peppar
- 2 matskedar fullkornsvete
- 12 små pärllökar
- 3 koppar rött vin (Merlot, Pinot Noir eller Chianti)
- 2 dl nötbuljong
- 2 msk tomatpuré
- 1 buljongtärning, krossad
- 1 tsk färsk timjan, finhackad
- 2 msk färsk persilja
- 2 lagerblad
- 2 msk smör eller 1 msk olivolja

- 1 pund färska små vita eller bruna svampar, i fjärdedelar

Vägbeskrivning:

Hetta upp en stekpanna på medelhög värme och tillsätt sedan olivoljan. När oljan har värmts upp, koka baconet tills det är knaprigt och lägg det sedan i din slow cooker. Spara baconfettet i stekpannan.

Torka av nötköttet och tillaga det i samma stekpanna med baconfettet tills alla sidor har samma bruna färg. Överför till slow cookern.

Blanda i lök och morötter till långsamkokaren och smaka av med salt och peppar. Rör om för att kombinera ingredienserna och se till att allt är kryddat.

Rör ner rödvinet i stekpannan och låt sjuda i 4–5 minuter för att avglasa pannan, vispa sedan i mjölet under omrörning tills det är slätt. Fortsätt koka tills vätskan minskar och tjocknar lite.

När vätskan har tjocknat, häll den i långsamkokaren och rör om så att allt täcks med vinblandningen. Tillsätt tomatpuré, buljongtärning, timjan, persilja, 4 vitlöksklyftor och lagerblad. Justera din slow cooker till hög och koka i 6 timmar, eller ställ in på låg och koka i 8 timmar.

Mjuka upp smöret eller värm olivoljan i en stekpanna på medelvärme. När oljan är varm, rör ner de återstående 2 vitlöksklyftorna och koka i ca 1 minut innan du tillsätter svampen.

Koka svampen tills den är mjuk, lägg sedan i den långsamma kokaren och blanda ihop.

Servera med potatismos, ris eller nudlar.

Näring (för 100g): 672 kalorier 32g Fett 15g Kolhydrater 56g Protein 693mg Natrium

Balsamicobiff

Förberedelsetid: 5 minuter

Tillagningstid: 8 timmar

Portioner: 10

Svårighetsgrad: Genomsnittlig

Ingredienser:

- 2 pund benfri chuckstek
- 1 msk olivolja
- Gnugga
- 1 tsk vitlökspulver
- ½ tesked lökpulver
- 1 tsk havssalt
- ½ tsk nymalen svartpeppar
- Sås
- ½ kopp balsamvinäger
- 2 matskedar honung
- 1 msk honungssenap
- 1 dl nötbuljong
- 1 matsked tapioka, fullkornsvetemjöl eller majsstärkelse (för att tjockna såsen när den är klar om så önskas)

Vägbeskrivning:

Inkorporera alla ingredienser för rubbet.

Blanda balsamvinäger, honung, honungssenap och nötbuljong i en separat skål. Täck steken i olivolja och gnid sedan in kryddorna från rubmixen. Placera steken i den långsamma kokaren och häll sedan såsen över toppen. Justera långsamkokaren till låg och koka i 8 timmar.

Om du vill tjockna såsen när steken är klar, överför den från långsamkokaren till en serveringsfat. Fyll sedan vätskan i en kastrull och värm till kokning på spishällen. Blanda mjölet tills det är slätt och låt puttra tills såsen tjocknar.

Näring (för 100g): 306 kalorier 19g Fett 13g Kolhydrater 25g Protein 823mg Natrium

Kalvgrytstek

Förberedelsetid: 20 minuter
Tillagningstid: 5 timmar
Portioner: 8
Svårighetsgrad: Genomsnittlig

Ingredienser:

- 2 matskedar olivolja
- Salt och peppar
- 3-punds benfri kalvstek, knuten
- 4 medelstora morötter, skalade
- 2 palsternacka, skalade och halverade
- 2 vita kålrot, skalade och delade i fjärdedelar
- 10 vitlöksklyftor, skalade
- 2 kvistar färsk timjan
- 1 apelsin, skrubbad och skalad
- 1 dl kyckling- eller kalvfond

Vägbeskrivning:

Värm en stor stekpanna över medelhög värme. Skölj kalvstek överallt med olivolja och smaka av med salt och peppar. När stekpannan är varm, tillsätt kalvsteken och stek den på alla sidor. Detta tar cirka 3 minuter på varje sida, men denna process försluter saften och gör köttet saftigt.

När den är tillagad, placera den i långsamkokaren. Kasta morötter, palsternacka, kålrot och vitlök i stekpannan. Rör om och koka i cirka 5 minuter – inte hela vägen igenom, bara för att få lite av de bruna bitarna från kalvköttet och ge dem lite färg.

Överför grönsakerna till den långsamma kokaren och lägg dem runt hela köttet. Toppa steken med timjan och skalet från apelsinen. Skär apelsinen på mitten och pressa saften över köttet. Tillsätt kycklingfonden och tillaga sedan steken på låg i 5 timmar.

Näring (för 100g): 426 kalorier 12,8g Fett 10g Kolhydrater 48,8g Protein 822mg Natrium

Medelhavsris och korv

Förberedelsetid: 15 minuter
Tillagningstid: 8 timmar
Portioner: 6
Svårighetsgrad: Genomsnittlig

Ingredienser:

- 1½ pund italiensk korv, smulad
- 1 medelstor lök, hackad
- 2 msk biffsås
- 2 dl långkornigt ris, okokt
- 1 (14-ounce) burk tärnade tomater med juice
- ½ kopp vatten
- 1 medelstor grön paprika, tärnad

Vägbeskrivning:

Spraya din slow cooker med olivolja eller nonstick-spray. Tillsätt korven, löken och biffsåsen i långsamkokaren. Ställ in på låg i 8 till 10 timmar.

Efter 8 timmar, tillsätt ris, tomater, vatten och grönpeppar. Rör om så att det blandas ordentligt. Koka ytterligare 20 till 25 minuter.

Näring (för 100g): 650 kalorier 36g Fett 11g Kolhydrater 22g Protein 633mg Natrium

Spanska köttbullar

Förberedelsetid: 20 minuter
Tillagningstid: 5 timmar
Portioner: 6
Svårighetsgrad: Svår

Ingredienser:

- 1-pund mald kalkon
- 1-pund malet fläsk
- 2 ägg
- 1 (20-ounce) burk tärnade tomater
- ¾ kopp söt lök, hackad, delad
- ¼ kopp plus 1 msk ströbröd
- 3 msk färsk persilja, hackad
- 1½ tsk spiskummin
- 1½ tsk paprika (söt eller varm)

Vägbeskrivning:

Spraya långsamkokaren med olivolja.

I en blandningsskål, inkorporera malet kött, ägg, ungefär hälften av löken, ströbrödet och kryddorna.

Tvätta händerna och blanda tills allt är väl blandat. Blanda inte för mycket, eftersom det blir sega köttbullar. Forma till köttbullar. Hur stora du gör dem avgör självklart hur många köttbullar du får totalt.

Koka 2 matskedar olivolja på medelvärme i en stekpanna. När de är varma, blanda i köttbullarna och bryn på alla sidor. Se till att bollarna inte rör vid varandra så att de får färg jämnt. När de är klara överför du dem till långsamkokaren.

Tillsätt resten av löken och tomaterna i stekpannan och låt dem koka i några minuter, skrapa upp de bruna bitarna från köttbullarna för att ge smak. För över tomaterna över köttbullarna i den långsamma kokaren och koka på låg i 5 timmar.

Näring (för 100g): 372 Kalorier 21,7g Fett 15g Kolhydrater 28,6 Protein 772mg Natrium

Blomkålsbiffar med olivcitrussås

Förberedelsetid: 15 minuter

Tillagningstid: 30 minuter

Portioner: 4

Svårighetsgrad: Genomsnittlig

Ingredienser:

- 1 eller 2 stora blomkålshuvuden
- 1/3 kopp extra virgin olivolja
- ¼ tesked kosher salt
- 1/8 tsk mald svartpeppar
- Saft av 1 apelsin
- Skal av 1 apelsin
- ¼ kopp svarta oliver, urkärnade och hackade
- 1 msk dijon- eller kornig senap
- 1 msk rödvinsvinäger
- ½ tsk mald koriander

Vägbeskrivning:

Värm ugnen till 400°F. Lägg bakplåtspapper eller folie i bakplåten. Skär bort stjälken på blomkålen så att den sitter upprätt. Skiva den vertikalt i fyra tjocka skivor. Lägg blomkålen på den förberedda bakplåten. Pensla med olivolja, salt och svartpeppar. Grädda i ca 30 minuter.

I en medelstor skål, rör om apelsinjuice, apelsinskal, oliver, senap, vinäger och koriander; blanda väl. Servera med såsen.

Näring (för 100g): 265 kalorier 21g Fett 4g Kolhydrater 5g Protein 693mg Natrium

Pistasch Mint Pesto Pasta

Förberedelsetid: 10 minuter

Tillagningstid: 10 minuter

Portioner: 4

Svårighetsgrad: Genomsnittlig

Ingredienser:

- 8 uns fullkornspasta
- 1 kopp färsk mynta
- ½ kopp färsk basilika
- 1/3 kopp osaltade pistagenötter, skalade
- 1 vitlöksklyfta, skalad
- ½ tsk kosher salt
- Saft av ½ lime
- 1/3 kopp extra virgin olivolja

Vägbeskrivning:

Koka pastan enligt anvisningarna på förpackningen. Häll av, spara ½ kopp av pastavattnet och ställ åt sidan. Tillsätt mynta, basilika, pistagenötter, vitlök, salt och limejuice i en matberedare. Bearbeta tills pistagenötterna är grovmalda. Rör i olivoljan i en långsam, stadig ström och bearbeta tills den är inkorporerad.

Blanda pastan med pistagepeston i en stor skål. Om du vill ha en tunnare, mer saftig konsistens, tillsätt lite av det reserverade pastavattnet och rör om väl.

Näring (för 100g): 420 kalorier 3g Fett 2g Kolhydrater 11g Protein 593mg Natrium

Burst Körsbärstomatsås med Angel Hair Pasta

Förberedelsetid: 10 minuter
Tillagningstid: 20 minuter
Portioner: 4
Svårighetsgrad: Genomsnittlig

Ingredienser:

- 8 ounces angel hair pasta
- 2 matskedar extra virgin olivolja
- 3 vitlöksklyftor, hackade
- 3 pints körsbärstomater
- ½ tsk kosher salt
- ¼ tesked röd paprikaflingor
- ¾ kopp färsk basilika, hackad
- 1 matsked vit balsamvinäger (valfritt)
- ¼ kopp riven parmesanost (valfritt)

Vägbeskrivning:

Koka pastan enligt anvisningarna på förpackningen. Häll av och ställ åt sidan.

Koka olivoljan i en stekpanna eller stor stekpanna på medelhög värme. Rör ner vitlöken och fräs i 30 sekunder. Blanda i tomaterna, saltet och rödpepparflingorna och koka, rör om då och då, tills tomaterna spricker, cirka 15 minuter.

Ta ut från värmen och rör ner pasta och basilika. Rör ihop väl. (För tomater utanför säsong, tillsätt vinäger, om så önskas, och blanda väl.) Servera.

Näring (för 100g): 305 kalorier 8g fett 3g kolhydrater 11g protein 559mg natrium

Bakad tofu med soltorkade tomater och kronärtskockor

Förberedelsetid: 30 minuter
Tillagningstid: 30 minuter
Portioner: 4
Svårighetsgrad: Genomsnittlig

Ingredienser:

- 1 (16-ounce) förpackning extra fast tofu, skuren i 1-tums kuber
- 2 matskedar extra virgin olivolja, delad
- 2 msk citronsaft, delad
- 1 matsked sojasås med låg natriumhalt
- 1 lök, tärnad
- ½ tsk kosher salt
- 2 vitlöksklyftor, hackade
- 1 (14-ounce) burk kronärtskocka hjärtan, avrunna
- 8 soltorkade tomater
- ¼ tesked nymalen svartpeppar
- 1 msk vitvinsvinäger
- Skal av 1 citron
- ¼ kopp färsk persilja, hackad

Vägbeskrivning:

Förbered ugnen till 400°F. Lägg folien eller bakplåtspappret i bakplåten. I en skål, kombinera tofun, 1 matsked olivolja, 1 matsked citronsaft och sojasås. Ställ åt sidan och marinera i 15 till 30 minuter. Ordna tofun i ett enda lager på den förberedda bakplåten och grädda i 20 minuter, vänd en gång, tills den är ljus gyllenbrun.

Koka den återstående 1 msk olivolja i en stor stekpanna eller stekpanna på medelvärme. Tillsätt löken och saltet; fräs tills det är genomskinligt, 5 till 6 minuter. Blanda i vitlöken och fräs i 30 sekunder. Lägg sedan kronärtskockshjärtan, soltorkade tomater och svartpeppar och fräs i 5 minuter. Tillsätt vitvinsvinägern och den återstående 1 msk citronsaft och avglasera pannan, skrapa upp eventuella bruna bitar. Ta kastrullen från värmen och lägg i citronskal och persilja. Blanda försiktigt i den bakade tofun.

Näring (för 100g): 230 kalorier 14 g fett 5 g kolhydrater 14 g protein 593 mg natrium

Bakad medelhavstempeh med tomater och vitlök

Förberedelsetid: 25 minuter, plus 4 timmar att marinera
Tillagningstid: 35 minuter
Portioner: 4
Svårighetsgrad: Svår

Ingredienser:

- <u>För Tempeh</u>
- 12 uns tempeh
- ¼ kopp vitt vin
- 2 matskedar extra virgin olivolja
- 2 msk citronsaft
- Skal av 1 citron
- ¼ tesked kosher salt
- ¼ tesked nymalen svartpeppar
- <u>Till tomater och vitlökssås</u>
- 1 msk extra virgin olivolja
- 1 lök, tärnad
- 3 vitlöksklyftor, hackade
- 1 (14,5 ounce) burk krossade tomater utan salttillsats
- 1 bifftomat, tärnad
- 1 torkat lagerblad
- 1 tsk vitvinsvinäger

- 1 tsk citronsaft
- 1 tsk torkad oregano
- 1 tsk torkad timjan
- ¾ tesked kosher salt
- ¼ kopp basilika, skuren i band

Vägbeskrivning:

Att göra Tempeh

Lägg tempen i en medelstor kastrull. Fyll tillräckligt med vatten för att täcka det med 1 till 2 tum. Koka upp på medelhög värme, täck över och sänk värmen till en sjud. Koka i 10 till 15 minuter. Ta bort tempen, torka, svalna och skär i 1-tums kuber.

Blanda vitt vin, olivolja, citronsaft, citronskal, salt och svartpeppar. Tillsätt tempen, täck skålen, ställ i kylen i 4 timmar eller över natten. Värm ugnen till 375°F. Lägg den marinerade tempen och marinaden i en ugnsform och koka i 15 minuter.

Att göra tomater och vitlökssås

Koka olivoljan i en stor stekpanna på medelvärme. Tillsätt löken och fräs tills den är genomskinlig, 3 till 5 minuter. Blanda i vitlöken och fräs i 30 sekunder. Tillsätt krossade tomater, bifftomat, lagerblad, vinäger, citronsaft, oregano, timjan och salt. Blanda väl. Sjud i 15 minuter.

Tillsätt den bakade tempen till tomatblandningen och blanda försiktigt ihop. Garnera med basilikan.

ERSÄTTNINGSTIPS: Om du har slut på tempeh eller helt enkelt vill påskynda tillagningsprocessen kan du byta ut en 14,5-ounce burk vita bönor mot tempeh. Skölj bönorna och lägg dem i såsen med de krossade tomaterna. Det blir fortfarande en fantastisk vegansk förrätt på halva tiden!

Näring (för 100g): 330 kalorier 20 g fett 4 g kolhydrater 18 g protein 693 mg natrium

Rostade Portobellosvamp med grönkål och rödlök

Förberedelsetid: 30 minuter
Tillagningstid: 30 minuter
Portioner: 4
Svårighetsgrad: Svår

Ingredienser:

- ¼ kopp vitvinsvinäger
- 3 matskedar extra virgin olivolja, delad
- ½ tesked honung
- ¾ tesked koshersalt, delat
- ¼ tesked nymalen svartpeppar
- 4 stora portobellosvampar, stjälkarna borttagna
- 1 rödlök, finhackad
- 2 vitlöksklyftor, hackade
- 1 (8-ounce) gäng grönkål, skaftad och smått hackad
- ¼ tesked röd paprikaflingor
- ¼ kopp riven parmesanost eller romano

Vägbeskrivning:

Lägg bakplåtspapper eller folie i bakplåten. I en medelstor skål, vispa ihop vinäger, 1½ msk olivolja, honung, ¼ tesked salt och svartpeppar. Lägg svampen på plåten och häll marinaden över dem. Marinera i 15 till 30 minuter.

Värm under tiden ugnen till 400°F. Grädda svampen i 20 minuter, vänd på halvvägs. Värm de återstående 1½ msk olivolja i en stor stekpanna eller ugnssäker stekpanna på medelhög värme. Tillsätt löken och den återstående ½ teskeden salt och fräs tills den är gyllenbrun, 5 till 6 minuter. Blanda i vitlöken och fräs i 30 sekunder. Blanda i grönkålen och rödpepparflingorna och fräs tills grönkålen kokat ner, ca 5 minuter.

Ta ut svampen från ugnen och höj temperaturen för att steka. Häll försiktigt vätskan från bakplåten i pannan med grönkålsblandningen; blanda väl. Vänd på svampen så att stjälksidan är vänd uppåt. Häll lite av grönkålsblandningen ovanpå varje svamp. Strö 1 msk parmesanost ovanpå varje. Stek tills gyllenbrun.

Näring (för 100g): 200 kalorier 13g Fett 4g Kolhydrater 8g Protein

Balsamicomarinerad tofu med basilika och oregano

Förberedelsetid: 40 minuter

Tillagningstid: 30 minuter

Portioner: 4

Svårighetsgrad: Genomsnittlig

Ingredienser:

- ¼ kopp extra virgin olivolja
- ¼ kopp balsamvinäger
- 2 matskedar sojasås med låg natriumhalt
- 3 vitlöksklyftor, rivna
- 2 tsk ren lönnsirap
- Skal av 1 citron
- 1 tsk torkad basilika
- 1 tsk torkad oregano
- ½ tsk torkad timjan
- ½ tesked torkad salvia
- ¼ tesked kosher salt
- ¼ tesked nymalen svartpeppar
- ¼ tesked röd paprikaflingor (valfritt)
- 1 (16-ounce) block extra fast tofu

Vägbeskrivning:

Blanda samman olivolja, vinäger, sojasås, vitlök, lönnsirap, citronskal, basilika, oregano, timjan, salvia, salt, svartpeppar och rödpepparflingor i en skål eller gallon med zip-top påse. Tillsätt tofun och blanda försiktigt. Ställ in i kylen och marinera i 30 minuter, eller upp till över natten om du vill.

Förbered ugnen på 425°F. Lägg bakplåtspapper eller folie i bakplåten. Ordna den marinerade tofun i ett enda lager på den förberedda bakplåten. Grädda i 20 till 30 minuter, vänd på halvvägs tills det är lite knaprigt.

Näring (för 100g): 225 kalorier 16g fett 2g kolhydrater 13g protein 493mg natrium

Ricotta, basilika och pistagefylld zucchini

Förberedelsetid: 15 minuter

Tillagningstid: 25 minuter

Portioner: 4

Svårighetsgrad: Genomsnittlig

Ingredienser:

- 2 medelstora zucchinis, halverade på längden
- 1 msk extra virgin olivolja
- 1 lök, tärnad
- 1 tsk kosher salt
- 2 vitlöksklyftor, hackade
- ¾ kopp ricottaost
- ¼ kopp osaltade pistagenötter, skalade och hackade
- ¼ kopp färsk basilika, hackad
- 1 stort ägg, uppvispat
- ¼ tesked nymalen svartpeppar

Vägbeskrivning:

Förbered ugnen till 425°F. Lägg bakplåtspapper eller folie i bakplåten. Skopa ut fröna/köttet från zucchinin och lämna kvar ¼-tums kött runt kanterna. Placera fruktköttet på en skärbräda och hacka av fruktköttet.

Koka olivoljan i en stekpanna på medelvärme. Tillsätt löken, fruktköttet och saltet och fräs i cirka 5 minuter. Tillsätt vitlöken och fräs i 30 sekunder. Blanda ricottaost, pistagenötter, basilika, ägg och svartpeppar. Tillsätt lökblandningen och blanda väl.

Lägg de 4 zucchinihalvorna på den förberedda bakplåten. Fördela zucchinihalvorna med ricottablandningen. Grädda tills de är gyllenbruna.

Näring (för 100g):200 kalorier 12g fett 3g kolhydrater 11g protein 836mg natrium

Farro med rostade tomater och champinjoner

Förberedelsetid: 20 minuter
Tillagningstid: 1 timme
Portioner: 4
Svårighetsgrad: Svår

Ingredienser:

- <u>För tomaterna</u>
- 2 pints körsbärstomater
- 1 tsk extra virgin olivolja
- ¼ tesked kosher salt
- <u>För Farro</u>
- 3 till 4 koppar vatten
- ½ kopp farro
- ¼ tesked kosher salt
- <u>För svamparna</u>
- 2 matskedar extra virgin olivolja
- 1 lök, finhackad
- ½ tsk kosher salt
- ¼ tesked nymalen svartpeppar
- 10 uns baby bell svamp, stjälkade och skivade tunt
- ½ kopp grönsaksbuljong utan salttillsats

- 1 (15-ounce) burk cannellinibönor med låg natriumhalt, avrunna och sköljda
- 1 dl babyspenat
- 2 msk färsk basilika, skuren i band
- ¼ kopp pinjenötter, rostade
- Lagrad balsamvinäger (valfritt)

Vägbeskrivning:

Att göra tomaterna

Värm ugnen till 400°F. Lägg bakplåtspapper eller folie i bakplåten. Blanda tomater, olivolja och salt på en plåt och rosta i 30 minuter.

Att göra Farro

Koka upp vattnet, farro och salt i en medelstor kastrull eller gryta på hög värme. Låt puttra och koka i 30 minuter, eller tills farro är al dente. Häll av och ställ åt sidan.

Att göra svampen

Koka olivoljan i en stor stekpanna eller stekpanna på medelhög värme. Tillsätt lök, salt och svartpeppar och fräs tills den är gyllenbrun och börjar karamelliseras, cirka 15 minuter. Rör ner svampen, öka värmen till medel och fräs tills vätskan har avdunstat och svampen brun, cirka 10 minuter. Rör ner grönsaksbuljongen och avglasera pannan, skrapa upp eventuella bruna bitar och reducera vätskan i cirka 5 minuter. Tillsätt bönorna och värm igenom, ca 3 minuter.

Ta bort och rör ner spenat, basilika, pinjenötter, rostade tomater och farro. Pensla med balsamvinäger om så önskas.

Näring (för 100g):375 kalorier 15 g fett 10 g kolhydrater 14 g protein 769 mg natrium

Bakad orzo med aubergine, mangold och mozzarella

Förberedelsetid: 20 minuter

Tillagningstid: 60 minuter

Portioner: 4

Svårighetsgrad: Genomsnittlig

Ingredienser:

- 2 matskedar extra virgin olivolja
- 1 stor (1 pund) aubergine, tärnad i små
- 2 morötter, skalade och tärnade små
- 2 stjälkar selleri, tärnade små
- 1 lök, tärnad i små
- ½ tsk kosher salt
- 3 vitlöksklyftor, hackade
- ¼ tesked nymalen svartpeppar
- 1 kopp fullkornsorzo
- 1 tsk tomatpuré utan salttillsats
- 1½ dl grönsaksbuljong utan salttillsats
- 1 dl mangold, stjällad och smått hackad
- 2 msk färsk oregano, hackad
- Skal av 1 citron
- 4 uns mozzarellaost, i små tärningar
- ¼ kopp riven parmesanost
- 2 tomater, skivade ½ tum tjocka

Vägbeskrivning:

Värm ugnen till 400°F. Koka olivoljan i en stor ugnssäker stekpanna på medelvärme. Tillsätt aubergine, morötter, selleri, lök och salt och fräs i cirka 10 minuter. Tillsätt vitlök och svartpeppar och fräs i cirka 30 sekunder. Tillsätt orzo och tomatpuré och fräs i 1 minut. Blanda i grönsaksbuljongen och avglasera pannan, skrapa upp de bruna bitarna. Tillsätt mangold, oregano och citronskal och rör tills mangolden vissnar.

Dra ut och lägg i mozzarellaosten. Jämna till toppen av orzoblandningen platt. Strö över parmesanosten ovanpå. Fördela tomaterna i ett enda lager ovanpå parmesanosten. Grädda i 45 minuter.

Näring (för 100g): 470 kalorier 17g Fett 7g Kolhydrater 18g Protein 769mg Natrium

Kornrisotto med tomater

Förberedelsetid: 20 minuter

Tillagningstid: 45 minuter

Portioner: 4

Svårighetsgrad: Genomsnittlig

Ingredienser:

- 2 matskedar extra virgin olivolja
- 2 stjälkselleri, tärnade
- ½ kopp schalottenlök, tärnad
- 4 vitlöksklyftor, hackade
- 3 dl grönsaksfond utan salttillsats
- 1 burk (14,5 ounce) tärnade tomater utan salttillsats
- 1 (14,5 ounce) burk krossade tomater utan salttillsats
- 1 kopp pärlkorn
- Skal av 1 citron
- 1 tsk kosher salt
- ½ tsk rökt paprika
- ¼ tesked röd paprikaflingor
- ¼ tesked nymalen svartpeppar
- 4 timjankvistar
- 1 torkat lagerblad
- 2 dl babyspenat
- ½ kopp smulad fetaost
- 1 msk färsk oregano, hackad

- 1 msk fänkålsfrön, rostade (valfritt)

Vägbeskrivning:

Koka olivoljan i en stor kastrull på medelvärme. Tillsätt selleri och schalottenlök och fräs, cirka 4 till 5 minuter. Tillsätt vitlöken och fräs i 30 sekunder. Tillsätt grönsaksfonden, tärnade tomater, krossade tomater, korn, citronskal, salt, paprika, rödpepparflingor, svartpeppar, timjan och lagerbladet och blanda väl. Låt det koka upp, sänk sedan till lågt och låt sjuda. Koka, rör om då och då, i 40 minuter.

Ta bort lagerblad och timjankvistar. Rör ner spenaten. I en liten skål, kombinera feta, oregano och fänkålsfrön. Servera kornrisotton i skålar toppad med fetablandningen.

Näring (för 100g): 375 kalorier 12g Fett 13g Kolhydrater 11g Protein 799mg Natrium

Kikärter och grönkål med kryddig pomodorosås

Förberedelsetid: 10 minuter
Tillagningstid: 35 minuter
Portioner: 4
Svårighetsgrad: Lätt

Ingredienser:

- 2 matskedar extra virgin olivolja
- 4 vitlöksklyftor, skivade
- 1 tsk röd paprikaflingor
- 1 (28-ounce) burk utan salttillsatta krossade tomater
- 1 tsk kosher salt
- ½ tesked honung
- 1 knippe grönkål, stjällad och hackad
- 2 (15 uns) burkar kikärter med låg natriumhalt, avrunna och sköljda
- ¼ kopp färsk basilika, hackad
- ¼ kopp riven pecorino Romano ost

Vägbeskrivning:

Koka olivoljan i en stekpanna på medelvärme. Rör ner vitlök och röd paprikaflingor och fräs tills vitlöken är ljust gyllenbrun, cirka 2 minuter. Tillsätt tomater, salt och honung och blanda väl. Sänk värmen till låg och låt sjuda i 20 minuter.

Tillsätt grönkålen och blanda väl. Koka ca 5 minuter. Tillsätt kikärtorna och låt sjuda ca 5 minuter. Ta av från värmen och rör ner basilikan. Servera toppad med pecorinoost.

Näring (för 100g): 420 kalorier 13g Fett 12g Kolhydrater 20g Protein 882mg Natrium

Rostad fetaost med grönkål och citronyoghurt

Förberedelsetid: 15 minuter
Tillagningstid: 20 minuter
Portioner: 4
Svårighetsgrad: Genomsnittlig

Ingredienser:

- 1 msk extra virgin olivolja
- 1 lök, finhackad
- ¼ tesked kosher salt
- 1 tsk mald gurkmeja
- ½ tsk malen spiskummin
- ½ tsk mald koriander
- ¼ tesked nymalen svartpeppar
- 1 knippe grönkål, stjällad och hackad
- 7-ounce block fetaost, skuren i ¼-tums tjocka skivor
- ½ kopp vanlig grekisk yoghurt
- 1 msk citronsaft

Vägbeskrivning:

Värm ugnen till 400°F. Stek olivoljan i en stor ugnssäker stekpanna eller stekpanna på medelvärme. Tillsätt löken och saltet; sautera tills de är lätt gyllenbruna, ca 5 minuter. Tillsätt gurkmeja, spiskummin, koriander och svartpeppar; fräs i 30 sekunder.

Tillsätt grönkålen och fräs ca 2 minuter. Tillsätt ½ dl vatten och fortsätt att koka ner grönkålen, ca 3 minuter.

Ta av från värmen och lägg fetaostskivorna ovanpå grönkålsblandningen. Sätt in i ugnen och grädda tills fetaosten mjuknar, 10 till 12 minuter. I en liten skål, kombinera yoghurt och citronsaft. Servera grönkålen och fetaosten toppad med citronyoghurten.

Näring (för 100g): 210 kalorier 14 g fett 2 g kolhydrater 11 g protein 836 mg natrium

Rostad aubergine och kikärter med tomatsås

Förberedelsetid: 15 minuter
Tillagningstid: 60 minuter
Portioner: 4
Svårighetsgrad: Svår

Ingredienser:

- Olivolja matlagning spray
- 1 stor (ca 1 pund) aubergine, skivad i ¼-tums tjocka rundlar
- 1 tsk koshersalt, uppdelat
- 1 msk extra virgin olivolja
- 3 vitlöksklyftor, hackade
- 1 (28-ounce) burk utan salttillsatta krossade tomater
- ½ tesked honung
- ¼ tesked nymalen svartpeppar
- 2 msk färsk basilika, hackad
- 1 (15 ounce) burk utan tillsatt salt eller låg natriumhalt kikärter, avrunna och sköljda
- ¾ kopp smulad fetaost
- 1 msk färsk oregano, hackad

Vägbeskrivning:

Värm ugnen till 425°F. Smörj och klä två bakplåtar med folie och spraya lätt med matlagningsspray med olivolja. Fördela auberginen i ett enda lager och strö över ½ tesked salt. Grädda i 20 minuter, vänd en gång halvvägs tills de är lätt gyllenbruna.

Värm under tiden olivoljan i en stor kastrull på medelvärme. Blanda i vitlöken och fräs i 30 sekunder. Tillsätt krossade tomater, honung, resterande ½ tesked salt och svartpeppar. Sjud ca 20 minuter tills såsen minskar lite och tjocknar. Rör ner basilikan.

När du har tagit bort auberginen från ugnen, sänk ugnstemperaturen till 375°F. I en stor rektangulär eller oval ugnsform, skeda i kikärtorna och 1 dl sås. Lägg aubergineskivorna ovanpå, överlappa vid behov för att täcka kikärtorna. Lägg resten av såsen ovanpå auberginen. Strö fetaost och oregano ovanpå.

Slå in ugnsformen med folie och grädda i 15 minuter. Dra ut folien och grädda ytterligare 15 minuter.

Näring (för 100g): 320 kalorier 11g fett 12g kolhydrater 14g protein 773mg natrium

Bakade Falafel Sliders

Förberedelsetid: 10 minuter

Tillagningstid: 30 minuter

Portioner: 6

Svårighetsgrad: Genomsnittlig

Ingredienser:

- Olivolja matlagning spray
- 1 (15-ounce) burk kikärter med låg natriumhalt, avrunna och sköljda
- 1 lök, grovt hackad
- 2 vitlöksklyftor, skalade
- 2 msk färsk persilja, hackad
- 2 matskedar fullkornsmjöl
- ½ tsk mald koriander
- ½ tsk malen spiskummin
- ½ tsk bakpulver
- ½ tsk kosher salt
- ¼ tesked nymalen svartpeppar

Vägbeskrivning:

Värm ugnen till 350°F. Lägg bakplåtspapper eller folie och spraya lätt med matlagningsspray med olivolja i bakplåten.

I en matberedare, blanda i kikärter, lök, vitlök, persilja, mjöl, koriander, spiskummin, bakpulver, salt och svartpeppar. Mixa tills det är slätt.

Gör 6 glidbiffar, var och en med en hög ¼ kopp blandning, och arrangera på den förberedda bakplåten. Grädda i 30 minuter. Tjäna.

Näring (för 100g): 90 kalorier 1g fett 3g kolhydrater 4g protein 803mg natrium

Portobello Caprese

Förberedelsetid: 15 minuter

Tillagningstid: 30 minuter

Portioner: 2

Svårighetsgrad: Svår

Ingredienser:

- 1 msk olivolja
- 1 kopp körsbärstomater
- Salt och svartpeppar, efter smak
- 4 stora färska basilikablad, tunt skivade, delade
- 3 medelstora vitlöksklyftor, hackade
- 2 stora portobellosvampar, stjälkarna borttagna
- 4 stycken mini mozzarellabollar
- 1 msk parmesanost, riven

Vägbeskrivning:

Förbered ugnen på 350°F (180°C). Smörj en ugnsform med olivolja. Ringla 1 matsked olivolja i en nonstick-panna och värm över medelhög värme. Tillsätt tomaterna i stekpannan och strö över salt och svartpeppar för att smaka av. Stick några hål på tomaterna för juice under tillagningen. Lägg på locket och koka tomaterna i 10 minuter eller tills de är mjuka.

Spara 2 teskedar basilika och tillsätt resterande basilika och vitlök i stekpannan. Krossa tomaterna med en spatel och koka sedan i en halv minut. Rör hela tiden under tillagningen. Avsätta. Ordna svampen i bakformen med locket nedåt och strö över salt och svartpeppar efter smak.

Sked tomatblandningen och mozzarellabollarna på svampens gäl, strö sedan över parmesanost för att täcka ordentligt. Grädda tills svampen är gaffelmör och ostarna fått färg. Ta ut den fyllda svampen ur ugnen och servera med basilika ovanpå.

Näring (för 100g):285 kalorier 21,8 g Fett 2,1 g Kolhydrater 14,3 g Protein 823 mg Natrium

Champinjon- och ostfyllda tomater

Förberedelsetid: 15 minuter

Tillagningstid: 20 minuter

Portioner: 4

Svårighetsgrad: Genomsnittlig

Ingredienser:

- 4 stora mogna tomater
- 1 msk olivolja
- ½ pund (454 g) vita eller cremini svampar, skivade
- 1 msk färsk basilika, hackad
- ½ kopp gul lök, tärnad
- 1 msk färsk oregano, hackad
- 2 vitlöksklyftor, hackade
- ½ tsk salt
- ¼ tesked nymalen svartpeppar
- 1 dl delvis skummad mozzarellaost, strimlad
- 1 msk parmesanost, riven

Vägbeskrivning:

Förbered ugnen till 375°F (190ºC). Skär en ½-tums skiva från toppen av varje tomat. Skopa fruktköttet i en skål och lämna ½-tums tomatskal. Lägg tomaterna på en bakplåt med aluminiumfolie. Värm olivoljan i en nonstick-panna på medelvärme.

Tillsätt svamp, basilika, lök, oregano, vitlök, salt och svartpeppar i stekpannan och fräs i 5 minuter.

Häll blandningen i tomatmassaskålen, tillsätt sedan mozzarellaosten och rör om så att den blandas väl. Häll blandningen i varje tomatskal och toppa sedan med ett lager parmesan. Grädda i den förvärmda ugnen i 15 minuter eller tills osten är bubbel och tomaterna är mjuka. Ta ut de fyllda tomaterna ur ugnen och servera varma.

Näring (för 100g): 254 kalorier 14,7g Fett 5,2g Kolhydrater 17,5g Protein 783mg Natrium

Tabbouleh

Förberedelsetid: 15 minuter

Tillagningstid: 5 minuter

Portioner: 6

Svårighetsgrad: Genomsnittlig

Ingredienser:

- 4 matskedar olivolja, delad
- 4 dl risad blomkål
- 3 vitlöksklyftor, finhackade
- Salt och svartpeppar, efter smak
- ½ stor gurka, skalad, kärnad och hackad
- ½ kopp italiensk persilja, hackad
- Saften av 1 citron
- 2 msk finhackad rödlök
- ½ dl myntablad, hackade
- ½ kopp urkärnade Kalamata-oliver, hackade
- 1 dl körsbärstomater, i fjärdedelar
- 2 dl baby ruccola eller spenatblad
- 2 medelstora avokado, skalade, urkärnade och tärnade

Vägbeskrivning:

Värm 2 matskedar olivolja i en nonstick-panna på medelhög värme. Tillsätt risblomkål, vitlök, salt och svartpeppar i stekpannan och fräs i 3 minuter eller tills det doftar. Överför dem till en stor skål.

Tillsätt gurka, persilja, citronsaft, rödlök, mynta, oliver och återstående olivolja i skålen. Rör om för att blanda väl. Förvara skålen i kylen i minst 30 minuter.

Ta bort skålen från kylen. Tillsätt körsbärstomater, ruccola, avokadon i skålen. Krydda väl och rör om så att det blir bra. Servera kyld.

Näring (för 100g): 198 kalorier 17,5 g Fett 6,2 g Kolhydrater 4,2 g Protein 773 mg Natrium

Kryddig Broccoli Rabe Och Kronärtskocka Hjärtan

Förberedelsetid: 5 minuter

Tillagningstid: 15 minuter

Portioner: 4

Svårighetsgrad: Genomsnittlig

Ingredienser:

- 3 msk olivolja, delad
- 2 pund (907 g) färsk broccoli rabe
- 3 vitlöksklyftor, finhackade
- 1 tsk röd paprikaflingor
- 1 tsk salt, plus mer efter smak
- 13,5 ounces (383 g) kronärtskockshjärtan
- 1 matsked vatten
- 2 msk rödvinsvinäger
- Nymalen svartpeppar, efter smak

Vägbeskrivning:

Värm 2 matskedar olivolja i en nonstick-panna över medelhög stekpanna. Tillsätt broccolin, vitlöken, rödpepparflingorna och saltet i stekpannan och fräs i 5 minuter eller tills broccolin är mjuk.

Lägg kronärtskockshjärtan i stekpannan och fräs i ytterligare 2 minuter eller tills de är mjuka. Tillsätt vatten i grytan och sänk värmen till låg. Lägg på locket och låt sjuda i 5 minuter. Blanda under tiden ättika och 1 msk olivolja i en skål.

Ringla den sjudade broccolin och kronärtskockorna med oljad vinäger och strö över salt och svartpeppar. Blanda ihop väl innan servering.

Näring (för 100g): 272 kalorier 21,5 g Fett 9,8 g Kolhydrater 11,2 g Protein 736 mg Natrium

Shakshuka

Förberedelsetid: 10 minuter
Tillagningstid: 25 minuter
Portioner: 4
Svårighetsgrad: Svår

Ingredienser:

- 5 matskedar olivolja, delad
- 1 röd paprika, fint tärnad
- ½ liten gul lök, fint tärnad
- 14 uns (397 g) krossade tomater, med juice
- 6 uns (170 g) fryst spenat, tinad och dränerad på överflödig vätska
- 1 tsk rökt paprika
- 2 vitlöksklyftor, finhackade
- 2 tsk röd paprikaflingor
- 1 msk kapris, grovt hackad
- 1 matsked vatten
- 6 stora ägg
- ¼ tesked nymalen svartpeppar
- ¾ kopp fetaost eller getost, smulad
- ¼ kopp färsk bladpersilja eller koriander, hackad

Vägbeskrivning:

Förbered ugnen till 300ºF (150ºC). Värm 2 matskedar olivolja i en ugnssäker stekpanna på medelhög värme. Fräs paprikan och löken i stekpannan tills löken är genomskinlig och paprikan mjuk.

Tillsätt tomater och juice, spenat, paprika, vitlök, rödpepparflingor, kapris, vatten och 2 matskedar olivolja i stekpannan. Rör om väl och låt koka upp. Sänk värmen till låg, lägg sedan på locket och låt sjuda i 5 minuter.

Knäck äggen över såsen, håll lite mellanrum mellan varje ägg, låt ägget vara intakt och strö över nymalen svartpeppar. Koka tills äggen blir lagom klara.

Strö osten över äggen och såsen och grädda i den förvärmda ugnen i 5 minuter eller tills osten är skummande och gyllenbrun. Ringla över resterande 1 msk olivolja och fördela persiljan ovanpå innan servering varm.

Näring (för 100g): 335 kalorier 26,5 g Fett 5 g Kolhydrater 16,8 g Protein 736 mg Natrium

Spanakopita

Förberedelsetid: 15 minuter

Tillagningstid: 50 minuter

Portioner: 6

Svårighetsgrad: Svår

Ingredienser:

- 6 matskedar olivolja, delad
- 1 liten gul lök, tärnad
- 4 koppar fryst hackad spenat
- 4 vitlöksklyftor, hackade
- ½ tsk salt
- ½ tsk nymalen svartpeppar
- 4 stora ägg, vispade
- 1 kopp ricottaost
- ¾ kopp fetaost, smulad
- ¼ kopp pinjenötter

Vägbeskrivning:

Smörj ugnsformen med 2 msk olivolja. Organisera ugnen på 375 grader F. Värm 2 matskedar olivolja i en nonstick-panna över medelhög värme. Blanda i löken i stekpannan och fräs i 6 minuter eller tills den är genomskinlig och mjuk.

Tillsätt spenat, vitlök, salt och svartpeppar i stekpannan och fräs i 5 minuter till. Lägg dem i en skål och ställ åt sidan. Kombinera de vispade äggen och ricottaosten i en separat skål och häll dem sedan i skålen med spenatblandningen. Rör om för att blanda väl.

Fyll blandningen i ugnsformen och luta formen så att blandningen täcker botten jämnt. Grädda tills det börjar stelna. Ta ut ugnsformen ur ugnen och fördela fetaosten och pinjenötterna ovanpå och blanda sedan med de återstående 2 msk olivolja.

Sätt tillbaka ugnsformen i ugnen och grädda i ytterligare 15 minuter eller tills toppen är gyllenbrun. Ta ut formen från ugnen. Låt spanakopitan svalna några minuter och skiva till servering.

Näring (för 100g): 340 kalorier 27,3 g Fett 10,1 g Kolhydrater 18,2 g Protein 781 mg Natrium

Tagine

Förberedelsetid: 20 minuter

Tillagningstid: 60 minuter

Portioner: 6

Svårighetsgrad: Genomsnittlig

Ingredienser:

- ½ kopp olivolja
- 6 stjälkar selleri, skivade i ¼-tums halvmånar
- 2 medelstora gula lökar, skivade
- 1 tsk malen spiskummin
- ½ tsk mald kanel
- 1 tsk ingefärapulver
- 6 vitlöksklyftor, hackade
- ½ tsk paprika
- 1 tsk salt
- ¼ tesked nymalen svartpeppar
- 2 dl grönsaksbuljong med låg natriumhalt
- 2 medelstora zucchinis, skurna i ½ tum tjocka halvcirklar
- 2 dl blomkål, skuren i buketter
- 1 medelstor aubergine, skuren i 1-tums kuber
- 1 kopp gröna oliver, halverade och urkärnade
- 13,5 ounces (383 g) kronärtskockshjärtan, avrunna och i fjärdedelar
- ½ kopp hackade färska korianderblad, till garnering

- ½ kopp vanlig grekisk yoghurt, till garnering
- ½ kopp hackad färsk bladpersilja, till garnering

Vägbeskrivning:

Koka olivoljan i en kastrull på medelhög värme. Tillsätt selleri och lök i grytan och fräs i 6 minuter. Lägg spiskummin, kanel, ingefära, vitlök, paprika, salt och svartpeppar i grytan och fräs i ytterligare 2 minuter tills de är aromatiska.

Häll grönsaksfonden i grytan och låt koka upp. Sänk värmen till låg och tillsätt zucchini, blomkål och aubergine till banken. Täck och låt sjuda i 30 minuter eller tills grönsakerna är mjuka. Tillsätt sedan oliverna och kronärtskockshjärtan i poolen och låt puttra i ytterligare 15 minuter. Fyll dem i en stor serveringsskål eller en tagine och servera sedan med koriander, grekisk yoghurt och persilja på toppen.

Näring (för 100g): 312 kalorier 21,2g Fett 9,2g Kolhydrater 6,1g Protein 813mg Natrium

Citrus pistagenötter och sparris

Förberedelsetid: 10 minuter

Tillagningstid: 10 minuter

Portioner: 4

Svårighetsgrad: Svår

Ingredienser:

- Skal och saft av 2 clementiner eller 1 apelsin
- Skal och saft av 1 citron
- 1 msk rödvinsvinäger
- 3 matskedar extra virgin olivolja, delad
- 1 tsk salt, delat
- ¼ tesked nymalen svartpeppar
- ½ kopp pistagenötter, skalade
- 1 pund (454 g) färsk sparris, putsad
- 1 matsked vatten

Vägbeskrivning:

Kombinera skalet och saften av clementin och citron, vinäger, 2 matskedar olivolja, ½ tsk salt och svartpeppar. Rör om för att blanda väl. Avsätta.

Rosta pistagenötterna i en nonstick-panna på medelhög värme i 2 minuter eller tills de är gyllenbruna. Överför de rostade pistagenötterna till en ren arbetsyta och hacka sedan grovt. Blanda pistagenötterna med citrusblandningen. Avsätta.

Värm den återstående olivoljan i nonstick-panna på medelhög värme. Tillsätt sparrisen i stekpannan och fräs i 2 minuter, krydda sedan med resterande salt. Tillsätt vattnet i stekpannan. Sätt ner värmen till låg och lägg på locket. Sjud i 4 minuter tills sparrisen är mjuk.

Ta bort sparrisen från stekpannan till en stor form. Häll citrus- och pistagenötterblandningen över sparrisen. Rör om ordentligt innan servering.

Näring (för 100g): 211 kalorier 17,5 g Fett 3,8 g Kolhydrater 5,9 g Protein 901 mg Natrium

Tomat och persilja fylld aubergine

Förberedelsetid: 15 minuter

Tillagningstid: 2 timmar och 10 minuter

Portioner: 6

Svårighetsgrad: Genomsnittlig

Ingredienser:

- ¼ kopp extra virgin olivolja
- 3 små auberginer, halverade på längden
- 1 tsk havssalt
- ½ tsk nymalen svartpeppar
- 1 stor gul lök, finhackad
- 4 vitlöksklyftor, hackade
- 15 uns (425 g) tärnade tomater, med juicen
- ¼ kopp färsk bladpersilja, finhackad

Vägbeskrivning:

Sätt insatsen av slow cookern med 2 matskedar olivolja. Skär några skåror på den skurna sidan av varje auberginehalva, håll ett ¼-tums mellanrum mellan varje skåra. Lägg auberginehalvorna i långsamkokaren med skinnsidan nedåt. Strö över salt och svartpeppar.

Värm upp den återstående olivoljan i en nonstick-panna på medelhög värme. Tillsätt löken och vitlöken i stekpannan och fräs i 3 minuter eller tills löken är genomskinlig.

Tillsätt persiljan och tomaterna med saften i stekpannan och strö över salt och svartpeppar. Fräs i 5 minuter till eller tills de är mjuka. Dela och häll blandningen i stekpannan på auberginehalvorna.

Sätt på locket till slow cookern och koka på HIGH i 2 timmar tills auberginen är mjuk. Överför auberginen till en tallrik och låt svalna i några minuter innan servering.

Näring (för 100g): 455 kalorier 13g Fett 14g Kolhydrater 14g Protein 719mg Natrium

Ratatouille

Förberedelsetid: 15 minuter

Tillagningstid: 7 timmar

Portioner: 6

Svårighetsgrad: Genomsnittlig

Ingredienser:

- 3 matskedar extra virgin olivolja
- 1 stor aubergine, oskalad, skivad
- 2 stora lökar, skivade
- 4 små zucchinis, skivade
- 2 gröna paprikor
- 6 stora tomater, skurna i ½-tums klyftor
- 2 msk färsk plattbladig persilja, hackad
- 1 tsk torkad basilika
- 2 vitlöksklyftor, hackade
- 2 tsk havssalt
- ¼ tesked nymalen svartpeppar

Riktning:

Fyll insatsen på slow cookern med 2 msk olivolja. Ordna grönsaksskivorna, remsorna och klyftorna växelvis i insatsen på långsamkokaren. Fördela persiljan ovanpå grönsakerna och krydda med basilika, vitlök, salt och svartpeppar. Ringla över den återstående olivoljan. Stäng och koka på LOW i 7 timmar tills grönsakerna är mjuka. Lägg över grönsakerna på en tallrik och servera varma.

Näring (för 100g): 265 kalorier 1,7 g fett 13,7 g kolhydrater 8,3 g protein 800 mg natrium

Gemista

Förberedelsetid: 15 minuter

Tillagningstid: 4 timmar

Portioner: 4

Svårighetsgrad: Genomsnittlig

Ingredienser:

- 2 matskedar extra virgin olivolja
- 4 stora paprika, valfri färg
- ½ kopp okokt couscous
- 1 tsk oregano
- 1 vitlöksklyfta, finhackad
- 1 dl smulad fetaost
- 1 (15-ounce / 425-g) burk cannellinibönor, sköljda och avrunna
- Salta och peppra, efter smak
- 1 citronklyfta
- 4 salladslökar, vita och gröna delar separerade, tunt skivade

Riktning:

Skär en ½-tums skiva under stjälken från toppen av paprikan. Kassera bara stjälken och hacka den skivade övre delen under stjälken och spara i en skål. Hålla paprikan med en sked. Smörj långsamkokaren med olja.

Tillsätt de återstående ingredienserna, förutom de gröna delarna av salladslöken och citronklyftorna, i skålen med hackad paprika.

Rör om för att blanda väl. Häll blandningen i den ihåliga paprikan och arrangera den fyllda paprikan i långsamkokaren och ringla sedan över mer olivolja.

Sätt på locket till slow cookern och koka på HIGH i 4 timmar eller tills paprikan är mjuk.

Ta bort paprikan från långsamkokaren och servera på en tallrik. Strö över gröna delar av salladslöken, och pressa citronklyftorna ovanpå innan servering.

Näring (för 100g): 246 kalorier 9 g fett 6,5 g kolhydrater 11,1 g protein 698 mg natrium

Fyllda kålrullar

Förberedelsetid: 15 minuter

Tillagningstid: 2 timmar

Portioner: 4

Svårighetsgrad: Svår

Ingredienser:

- 4 matskedar olivolja, delad
- 1 stort huvud grönkål, urkärnad
- 1 stor gul lök, hackad
- 3 uns (85 g) fetaost, smulad
- ½ dl torkade vinbär
- 3 koppar kokt pärlkorn
- 2 msk färsk plattbladig persilja, hackad
- 2 msk pinjenötter, rostade
- ½ tsk havssalt
- ½ tsk svartpeppar
- 15 uns (425 g) krossade tomater, med juicen
- 1 msk äppelcidervinäger
- ½ dl äppeljuice

Vägbeskrivning:

Borsta av insatsen på slow cookern med 2 msk olivolja. Blanchera kålen i en kastrull med vatten i 8 minuter. Ta den från vattnet och ställ åt sidan, separera sedan 16 blad från kålen. Avsätta.

Ringla över den återstående olivoljan i en nonstick-panna och värm på medelvärme. Rör ner löken i stekpannan och stek tills löken och paprikan är mjuka. Överför löken till en skål.

Tillsätt fetaost, vinbär, korn, persilja och pinjenötter i skålen med kokt lök och strö sedan över ¼ tsk salt och ¼ tsk svartpeppar.

Lägg kålbladen på en ren arbetsyta. Skopa 1/3 kopp av blandningen på mitten av varje tallrik, vik sedan kanten på blandningen och rulla ihop den. Lägg kålrullarna i långsamkokaren, med skarven nedåt.

Tillsätt de återstående ingredienserna i en separat skål och häll sedan blandningen över kålrullarna. Sätt på locket till slow cookern och koka på HIGH i 2 timmar. Ta bort kålrullarna från långsamkokaren och servera varma.

Näring (för 100g): 383 Kalorier 14,7g Fett 12,9g Kolhydrater 10,7g Protein 838mg Natrium

Brysselkål med balsamicoglasyr

Förberedelsetid: 15 minuter

Tillagningstid: 2 timmar

Portioner: 6

Svårighetsgrad: Genomsnittlig

Ingredienser:

- Balsamico glasyr:
- 1 dl balsamvinäger
- ¼ kopp honung
- 2 matskedar extra virgin olivolja
- 2 pund (907 g) brysselkål, putsad och halverad
- 2 koppar grönsakssoppa med låg natriumhalt
- 1 tsk havssalt
- Nymalen svartpeppar, efter smak
- ¼ kopp parmesanost, riven
- ¼ kopp pinjenötter

Vägbeskrivning:

Gör balsamicoglasyren: Blanda balsamvinäger och honung i en kastrull. Rör om för att blanda väl. Koka upp på medelhög värme. Sänk värmen till låg och låt puttra i 20 minuter eller tills glasyren minskar till hälften och har en tjock konsistens. Lägg lite olivolja inuti insatsen på långsamkokaren.

Lägg brysselkålen, grönsakssoppan och ½ tesked salt i den långsamma kokaren, rör om för att kombinera. Förslut locket till slow cookern och koka på HIGH i 2 timmar tills brysselkålen är mjuk.

Lägg brysselkålen på en tallrik och strö över resterande salt och svartpeppar för att krydda. Pensla balsamicoglasyren över brysselkålen och servera sedan med parmesan och pinjenötter.

Näring (för 100g): 270 kalorier 10,6g Fett 6,9g Kolhydrater 8,7g Protein 693mg Natrium

Spenatsallad med citrusvinägrett

Förberedelsetid: 10 minuter

Tillagningstid: 0 minuter

Portioner: 4

Svårighetsgrad: Lätt

Ingredienser:

- Citrusvinägrett:
- ¼ kopp extra virgin olivolja
- 3 msk balsamvinäger
- ½ tsk färskt citronskal
- ½ tsk salt
- Sallad:
- 1 pund (454 g) babyspenat, tvättad, stjälkarna borttagna
- 1 stor mogen tomat, skuren i ¼-tums bitar
- 1 medelstor rödlök, tunt skivad

Vägbeskrivning:

Gör citrusvinägretten: Rör ihop olivolja, balsamvinäger, citronskal och salt i en skål tills det är väl blandat.

Gör salladen: Lägg babyspenaten, tomaten och löken i en separat salladsskål. Fyll citrusvinägretten över salladen och rör försiktigt tills grönsakerna är ordentligt täckta.

Näring (för 100g): 173 Kalorier 14,2g Fett 4,2g Kolhydrater 4,1g Protein 699mg Natrium

Enkel selleri och apelsinsallad

Förberedelsetid: 15 minuter

Tillagningstid: 0 minuter

Portioner: 6

Svårighetsgrad: Lätt

Ingredienser:

- Sallad:
- 3 selleri stjälkar, inklusive blad, skivade diagonalt i ½-tums skivor
- ½ kopp gröna oliver
- ¼ kopp skivad rödlök
- 2 stora skalade apelsiner, skurna i rundlar
- Klä på sig:
- 1 msk extra virgin olivolja
- 1 msk citron- eller apelsinjuice
- 1 msk olivlake
- ¼ tesked kosher eller havssalt
- ¼ tesked nymalen svartpeppar

Vägbeskrivning:

Gör salladen: Lägg selleristjälkarna, gröna oliver, lök och apelsiner i en grund skål. Blanda väl och ställ åt sidan.

Gör dressingen: Rör om olivolja, citronsaft, olivlake, salt och peppar väl.

Fyll dressingen i skålen med sallad och rör lätt tills den är ordentligt täckt.

Servera kyld eller i rumstemperatur.

Näring (för 100g): 24 kalorier 1,2g Fett 1,2g Kolhydrater 1,1g Protein 813mg Natrium

Friterade auberginerullar

Förberedelsetid: 20 minuter

Tillagningstid: 10 minuter

Portioner: 6

Svårighetsgrad: Genomsnittlig

Ingredienser:

- 2 stora auberginer
- 1 tsk salt
- 1 dl riven ricottaost
- 4 uns (113 g) getost, strimlad
- ¼ kopp finhackad färsk basilika
- ½ tsk nymalen svartpeppar
- Olivolja spray

Vägbeskrivning:

Lägg aubergineskivorna i ett durkslag och smaka av med salt. Ställ åt sidan i 15 till 20 minuter.

Blanda samman ricotta och getost, basilika och svartpeppar i en stor skål och rör om. Avsätta. Torka av aubergineskivorna med hushållspapper och dimma dem lätt med olivolja spray.

Värm upp stor stekpanna på medelvärme och spraya den lätt med olivolja spray. Lägg aubergineskivorna i stekpannan och stek på varje sida i 3 minuter tills de är gyllenbruna.

Ta av från värmen till en hushållspappersklädd plåt och vila i 5 minuter. Gör auberginerullarna: Lägg aubergineskivorna på en plan arbetsyta och toppa varje skiva med en matsked av den beredda ostblandningen. Rulla ihop dem och servera direkt.

Näring (för 100g): 254 kalorier 14,9 g Fett 7,1 g Kolhydrater 15,3 g Protein 612 mg Natrium

Skål med rostade grönsaker och brunt ris

Förberedelsetid: 15 minuter

Tillagningstid: 20 minuter

Portioner: 4

Svårighetsgrad: Genomsnittlig

Ingredienser:

- 2 dl blomkålsbuketter
- 2 dl broccolibuktor
- 1 (15-ounce / 425-g) burk kikärter
- 1 kopp morotsskivor (ca 1 tum tjocka)
- 2 till 3 matskedar extra virgin olivolja, uppdelad
- Salt och svartpeppar, efter smak
- Nonstick matlagningsspray
- 2 koppar kokt brunt ris
- 3 matskedar sesamfrön
- <u>Klä på sig:</u>
- 3 till 4 matskedar tahini
- 2 matskedar honung
- 1 citron, saftad
- 1 vitlöksklyfta, finhackad
- Salt och svartpeppar, efter smak

Vägbeskrivning:

Förbered ugnen till 400ºF (205ºC). Spraya två bakplåtar med nonstick-spray.

Bred ut blomkålen och broccolin på den första bakplåten och den andra med kikärtorna och morotsskivorna.

Ringla varje plåt med hälften av olivoljan och strö över salt och peppar. Kasta för att täcka väl.

Rosta kikärtorna och morotsskivorna i den förvärmda ugnen i 10 minuter, lämna morötterna mjuka men knapriga och blomkålen och broccolin i 20 minuter tills de är mjuka. Rör om dem en gång halvvägs genom tillagningstiden.

Gör under tiden dressingen: Vispa ihop tahini, honung, citronsaft, vitlök, salt och peppar i en liten skål.

Fördela det kokta bruna riset mellan fyra skålar. Toppa varje skål jämnt med rostade grönsaker och dressing. Strö sesamfröna ovanpå för garnering innan servering.

Näring (för 100g):453 kalorier 17,8g Fett 11,2g Kolhydrater 12,1g Protein 793mg Natrium

Blomkålhash med morötter

Förberedelsetid: 10 minuter
Tillagningstid: 10 minuter
Portioner: 4
Svårighetsgrad: Lätt

Ingredienser:

- 3 matskedar extra virgin olivolja
- 1 stor lök, hackad
- 1 msk finhackad vitlök
- 2 dl tärnade morötter
- 4 dl blomkålsbuketter
- ½ tsk malen spiskummin
- 1 tsk salt

Vägbeskrivning:

Koka olivoljan på medelvärme. Blanda i lök och vitlök och fräs i 1 minut. Rör ner morötterna och fräs i 3 minuter. Tillsätt blomkålsbuketter, spiskummin och salt och blanda ihop.

Täck över och låt koka i 3 minuter tills de fått lite färg. Rör om väl och koka, utan lock, i 3 till 4 minuter, tills det mjuknat. Ta av från värmen och servera varm.

Näring (för 100g): 158 kalorier 10,8g Fett 5,1g Kolhydrater 3,1g Protein 813mg Natrium

Garlicky zucchini kuber med mynta

Förberedelsetid: 5 minuter

Tillagningstid: 10 minuter

Portioner: 4

Svårighetsgrad: Lätt

Ingredienser:

- 3 stora gröna zucchinis
- 3 matskedar extra virgin olivolja
- 1 stor lök, hackad
- 3 vitlöksklyftor, hackade
- 1 tsk salt
- 1 tsk torkad mynta

Vägbeskrivning:

Koka olivoljan i en stor stekpanna på medelvärme.

Blanda i löken och vitlöken och fräs i 3 minuter under konstant omrörning eller tills den mjuknat.

Rör ner zucchinitärningarna och saltet och koka i 5 minuter, eller tills zucchinin är brynt och mjuk.

Tillsätt myntan i stekpannan och blanda ihop, fortsätt sedan koka i 2 minuter. Servera varm.

Näring (för 100g): 146 kalorier 10,6 g fett 3 g kolhydrater 4,2 g protein 789 mg natrium

Zucchini och kronärtskockor skål med Faro

Förberedelsetid: 15 minuter
Tillagningstid: 10 minuter
Portioner: 6
Svårighetsgrad: Lätt

Ingredienser:

- 1/3 kopp extra virgin olivolja
- 1/3 kopp hackad rödlök
- ½ dl hackad röd paprika
- 2 vitlöksklyftor, hackade
- 1 kopp zucchini, skär i ½ tum tjocka skivor
- ½ dl grovt hackade kronärtskockor
- ½ kopp konserverade kikärter, avrunna och sköljda
- 3 koppar kokt faro
- Salt och svartpeppar, efter smak
- ½ kopp smulad fetaost, för servering (valfritt)
- ¼ kopp skivade oliver, för servering (valfritt)
- 2 msk färsk basilika, chiffonad, för servering (valfritt)
- 3 msk balsamvinäger, för servering (valfritt)

Vägbeskrivning:

Hetta upp olivoljan i en stor stekpanna på medelvärme tills den skimrar. Blanda löken, paprikan och vitlöken och fräs i 5 minuter, rör om då och då, tills den mjuknat.

Rör ner zucchiniskivorna, kronärtskockorna och kikärtorna och fräs i cirka 5 minuter tills de är lite mjuka. Tillsätt den kokta faron och blanda tills den är genomvärmd. Strö över salt och peppar för att smaka av.

Fördela blandningen i skålar. Toppa varje skål jämnt med fetaost, olivskivor och basilika och strö över balsamvinägern om så önskas.

Näring (för 100g): 366 kalorier 19,9 g Fett 9 g Kolhydrater 9,3 g Protein 819 mg Natrium

5-Ingrediens Zucchini Fritters

Förberedelsetid: 15 minuter
Tillagningstid: 5 minuter
Portioner: 14
Svårighetsgrad: Genomsnittlig

Ingredienser:

- 4 dl riven zucchini
- Salt att smaka
- 2 stora ägg, lätt uppvispade
- 1/3 kopp skivad salladslök
- 2/3 universalmjöl
- 1/8 tsk svartpeppar
- 2 matskedar olivolja

Vägbeskrivning:

Lägg den rivna zucchinin i ett durkslag och krydda lätt med salt. Ställ åt sidan för att vila i 10 minuter. Ta tag i så mycket vätska som möjligt från den rivna zucchinin.

Häll den rivna zucchinin i en skål. Vänd ner de vispade äggen, salladslöken, mjölet, salt och peppar och rör tills allt är väl blandat.

Hetta upp olivoljan i en stor stekpanna på medelvärme tills den är varm.

Släpp 3 matskedar högar av zucchiniblandningen på den varma stekpannan för att göra varje fritta, stift dem lätt i rundlar och placera dem med cirka 2 tum från varandra.

Koka i 2 till 3 minuter. Vänd zucchinifrittorna och koka i 2 minuter till, eller tills de är gyllenbruna och genomstekta.

Ta av från värmen till en tallrik klädd med hushållspapper.

Upprepa med den återstående zucchiniblandningen. Servera varm.

Näring (för 100g): 113 kalorier 6,1 g fett 9 g kolhydrater 4 g protein 793 mg natrium

Marockansk Tagine med grönsaker

Förberedelsetid: 20 minuter

Tillagningstid: 40 minuter

Portioner: 2

Svårighetsgrad: Genomsnittlig

Ingredienser:

- 2 matskedar olivolja
- ½ lök, tärnad
- 1 vitlöksklyfta, finhackad
- 2 dl blomkålsbuketter
- 1 medelstor morot, skuren i 1-tums bitar
- 1 kopp tärnad aubergine
- 1 burk hela tomater med juice
- 1 (15-ounce / 425-g) burk kikärter
- 2 små röda potatisar
- 1 kopp vatten
- 1 tsk ren lönnsirap
- ½ tsk kanel
- ½ tsk gurkmeja
- 1 tsk spiskummin
- ½ tsk salt
- 1 till 2 tsk harissapasta

Vägbeskrivning:

Värm upp olivoljan på medelhög värme i en holländsk ugn. Fräs löken i 5 minuter, rör om då och då, eller tills löken är genomskinlig.

Rör ner vitlök, blomkålsbuketter, morot, aubergine, tomater och potatis. Mosa tomaterna med en träslev till mindre bitar.

Tillsätt kikärtorna, vattnet, lönnsirap, kanel, gurkmeja, spiskummin och salt och rör om för att införliva. Låt det koka

När det är klart, sänk värmen till medel-låg. Rör ner harissapastan, täck över, låt puttra i cirka 40 minuter, eller tills grönsakerna mjuknat. Smaka av och justera krydda efter behov. Låt den vila innan servering.

Näring (för 100g): 293 kalorier 9,9g Fett 12,1g Kolhydrater 11,2g Protein 811mg Natrium

Kikärtssallad Wraps med selleri

Förberedelsetid: 10 minuter
Tillagningstid: 0 minuter
Portioner: 4
Svårighetsgrad: Lätt

Ingredienser:

- 1 (15 ounce / 425 g) burk kikärter med låg natriumhalt
- 1 stjälk selleri, tunt skivad
- 2 msk finhackad rödlök
- 2 matskedar osaltad tahini
- 3 matskedar honungssenap
- 1 msk kapris, odränerad
- 12 smörsallatsblad

Vägbeskrivning:

Mosa kikärtorna i en skål med en potatisstöt eller baksidan av en gaffel tills de är nästan jämna. Tillsätt selleri, rödlök, tahini, honungssenap och kapris i skålen och rör om tills det är väl införlivat.

För varje servering, lägg tre överlappande salladsblad på en tallrik och toppa med ¼ av den mosade kikärtsfyllningen och rulla sedan ihop. Upprepa med resterande salladsblad och kikärtsblandning.

Näring (för 100g): 182 kalorier 7,1g Fett 3g Kolhydrater 10,3g Protein 743mg Natrium

Grillade grönsaksspett

Förberedelsetid: 15 minuter

Tillagningstid: 10 minuter

Portioner: 4

Svårighetsgrad: Lätt

Ingredienser:

- 4 medelstora rödlökar, skalade och skivade i 6 klyftor
- 4 medelstora zucchinis, skurna i 1 tum tjocka skivor
- 2 bifftomater, skurna i fjärdedelar
- 4 röda paprikor
- 2 apelsin paprika
- 2 gula paprikor
- 2 matskedar plus 1 tesked olivolja

Vägbeskrivning:

Förvärm grillen till medelhög värme. Spett grönsakerna genom att växla mellan rödlök, zucchini, tomater och de olika färgade paprikorna. Smörj dem med 2 msk olivolja.

Olja in grillgallren med 1 tsk olivolja och grilla grönsaksspetten i 5 minuter. Vänd på spetten och grilla i 5 minuter till, eller tills de är kokta som du vill. Låt spetten svalna i 5 minuter innan servering.

Näring (för 100g): 115 kalorier 3 g fett 4,7 g kolhydrater 3,5 g protein 647 mg natrium

Fylld Portobellosvamp med tomater

Förberedelsetid: 10 minuter
Tillagningstid: 15 minuter
Portioner: 4
Svårighetsgrad: Genomsnittlig

Ingredienser:

- 4 stora portobellosvampmössor
- 3 matskedar extra virgin olivolja
- Salt och svartpeppar, efter smak
- 4 soltorkade tomater
- 1 dl riven mozzarellaost, delad
- ½ till ¾ kopp tomatsås med låg natriumhalt

Vägbeskrivning:

Förvärm broilern på hög. Lägg svamplocken på en plåt och ringla över olivolja. Strö över salt och peppar. Stek i 1o minuter, vänd svamplocken halvvägs tills de fått färg på toppen.

Ta bort från steken. Sked 1 tomat, 2 matskedar ost och 2 till 3 matskedar sås på varje svamplock. Lägg tillbaka svamplocken i broilern och fortsätt att steka i 2 till 3 minuter. Kyl i 5 minuter innan servering.

Näring (för 100g): 217 kalorier 15,8g Fett 9g Kolhydrater 11,2g Protein 793mg Natrium

Vissnade maskrosgrönt med sötlök

Förberedelsetid: 15 minuter

Tillagningstid: 15 minuter

Portioner: 4

Svårighetsgrad: Lätt

Ingredienser:

- 1 msk extra virgin olivolja
- 2 vitlöksklyftor, hackade
- 1 Vidalia lök, tunt skivad
- ½ dl grönsaksbuljong med låg natriumhalt
- 2 knippen maskrosgrönt, grovt hackad
- Nymalen svartpeppar, efter smak

Vägbeskrivning:

Hetta upp olivoljan i en stor stekpanna på låg värme. Tillsätt vitlöken och löken och koka i 2 till 3 minuter, rör om då och då, eller tills löken är genomskinlig.

Vik i grönsaksbuljongen och maskrosgrönsakerna och koka i 5 till 7 minuter tills vissnat, rör om ofta. Strö över svartpeppar och servera på ett fat medan det är varmt.

Näring (för 100g): 81 kalorier 3,9 g Fett 4 g Kolhydrater 3,2 g Protein 693 mg Natrium

Selleri och senapsgrönt

Förberedelsetid: 10 minuter

Tillagningstid: 15 minuter

Portioner: 4

Svårighetsgrad: Genomsnittlig

Ingredienser:

- ½ dl grönsaksbuljong med låg natriumhalt
- 1 stjälk selleri, grovt hackad
- ½ söt lök, hackad
- ½ stor röd paprika, tunt skivad
- 2 vitlöksklyftor, hackade
- 1 knippe senapsgröt, grovt hackad

Vägbeskrivning:

Häll grönsaksbuljongen i en stor gjutjärnspanna och låt sjuda på medelvärme. Rör ner selleri, lök, paprika och vitlök. Koka utan lock i cirka 3 till 5 minuter.

Tillsätt senapsgrönsakerna i pannan och rör om väl. Sänk värmen och koka tills vätskan har avdunstat och grönsakerna vissnat. Ta av från värmen och servera varm.

Näring (för 100g): 39 kalorier 3,1g Protein 6,8g Kolhydrater 3g Protein 736mg Natrium

Grönsaker och Tofu Scramble

Förberedelsetid: 5 minuter

Tillagningstid: 10 minuter

Portioner: 2

Svårighetsgrad: Lätt

Ingredienser:

- 2 matskedar extra virgin olivolja
- ½ rödlök, finhackad
- 1 dl hackad grönkål
- 8 uns (227 g) svamp, skivad
- 8 uns (227 g) tofu, skuren i bitar
- 2 vitloksklyftor, hackade
- Nyp röda paprikaflingor
- ½ tsk havssalt
- 1/8 tsk nymalen svartpeppar

Vägbeskrivning:

Koka olivoljan i en medelstor nonstick-panna på medelhög värme tills den skimrar. Tillsätt löken, grönkålen och svampen i stekpannan. Koka och rör om oregelbundet, eller tills grönsakerna börjar få färg.

Tillsätt tofun och fräs i 3 till 4 minuter tills den mjuknat. Rör ner vitlök, rödpepparflingor, salt och svartpeppar och koka i 30 sekunder. Låt den vila innan servering.

Näring (för 100g): 233 Kalorier 15,9g Fett 2g Kolhydrater 13,4g Protein 733mg Natrium

Enkla Zoodles

Förberedelsetid: 10 minuter

Tillagningstid: 5 minuter

Portioner: 2

Svårighetsgrad: Lätt

Ingredienser:

- 2 msk avokadoolja
- 2 medelstora zucchinis, spiraliserade
- ¼ tesked salt
- Nymalen svartpeppar, efter smak

Vägbeskrivning:

Värm upp avokadooljan i en stor stekpanna på medelvärme tills den skimrar. Tillsätt zucchininudlarna, salt och svartpeppar i stekpannan och rör om. Koka och rör hela tiden tills det är mjukt. Servera varm.

Näring (för 100g): 128 kalorier 14g Fett 0,3g Kolhydrater 0,3g Protein 811mg Natrium

Lins och tomat Collard Wraps

Förberedelsetid: 15 minuter

Tillagningstid: 0 minuter

Portioner: 4

Svårighetsgrad: Lätt

Ingredienser:

- 2 dl kokta linser
- 5 romska tomater, tärnade
- ½ kopp smulad fetaost
- 10 stora färska basilikablad, tunt skivade
- ¼ kopp extra virgin olivolja
- 1 msk balsamvinäger
- 2 vitlöksklyftor, hackade
- ½ tesked rå honung
- ½ tsk salt
- ¼ tesked nymalen svartpeppar
- 4 stora collardblad, stjälkar borttagna

Vägbeskrivning:

Kombinera linser, tomater, ost, basilikablad, olivolja, vinäger, vitlök, honung, salt och svartpeppar och rör om väl.

Lägg collardbladen på en plan arbetsyta. Sked de lika stora mängderna av linsblandningen på bladens kanter. Rulla ihop dem och dela på mitten för servering.

Näring (för 100g): 318 kalorier 17,6g Fett 27,5g Kolhydrater 13,2g Protein 800mg Natrium

Medelhavet grönsaksskål

Förberedelsetid: 10 minuter

Tillagningstid: 20 minuter

Portioner: 4

Svårighetsgrad: Genomsnittlig

Ingredienser:

- 2 koppar vatten
- 1 kopp antingen bulgurvete #3 eller quinoa, sköljd
- 1½ tsk salt, delat
- 1-pint (2 koppar) körsbärstomater, halverade
- 1 stor paprika, hackad
- 1 stor gurka, hackad
- 1 kopp Kalamata oliver
- ½ dl färskpressad citronsaft
- 1 kopp extra virgin olivolja
- ½ tsk nymalen svartpeppar

Vägbeskrivning:

Koka upp vattnet i en medelstor kastrull på medelvärme. Tillsätt bulgur (eller quinoa) och 1 tsk salt. Täck över och koka i 15 till 20 minuter.

För att ordna grönsakerna i dina 4 skålar, dela varje skål visuellt i 5 sektioner. Lägg den kokta bulguren i en sektion. Följ med tomater, paprika, gurka och oliver.

Svep ihop citronsaft, olivolja, återstående ½ tsk salt och svartpeppar.

Fördela dressingen jämnt över de 4 skålarna. Servera omedelbart eller täck och ställ i kylen till senare.

Näring (för 100g): 772 kalorier 9 g fett 6 g protein 41 g kolhydrater 944 mg natrium

Grillad grönsaks- och hummuswrap

Förberedelsetid: 15 minuter

Tillagningstid: 10 minuter

Portioner: 6

Svårighetsgrad: Genomsnittlig

Ingredienser:

- 1 stor aubergine
- 1 stor lök
- ½ kopp extra virgin olivolja
- 1 tsk salt
- 6 lavash wraps eller stora pitabröd
- 1 kopp krämig traditionell hummus

Vägbeskrivning:

Förvärm en grill, stor grillpanna eller lätt oljad stor stekpanna på medelvärme. Skiva aubergine och lök i cirklar. Smörj grönsakerna med olivolja och strö över salt.

Koka grönsakerna på båda sidor, cirka 3 till 4 minuter på varje sida. För att göra omslaget, lägg lavash eller pitabröd platt. Lägg ca 2 msk hummus på wrapen.

Dela grönsakerna jämnt mellan wraperna, lägg dem i lager längs ena sidan av wrapen. Vik försiktigt över sidan av wrapen med grönsakerna, stoppa in dem och gör en tät wrap.

Lägg omlottsömmen nedåt och skär i hälften eller tredjedelar.

Du kan också slå in varje smörgås med plastfolie för att hjälpa den att hålla formen och äta den senare.

Näring (för 100g): 362 Kalorier 10g Fett 28g Kolhydrater 15g Protein 736mg Natrium

Spanska gröna bönor

Förberedelsetid: 10 minuter
Tillagningstid: 20 minuter
Portioner: 4
Svårighetsgrad: Lätt

Ingredienser:

- ¼ kopp extra virgin olivolja
- 1 stor lök, hackad
- 4 vitlöksklyftor, fint hackade
- 1-pund gröna bönor, färska eller frysta, putsade
- 1½ tsk salt, delat
- 1 (15-ounce) burk tärnade tomater
- ½ tsk nymalen svartpeppar

Vägbeskrivning:

Värm upp olivoljan, löken och vitlöken; koka i 1 minut. Skär de gröna bönorna i 2-tums bitar. Tillsätt haricots verts och 1 tesked salt i grytan och blanda ihop allt; koka i 3 minuter. Tillsätt de tärnade tomaterna, återstående ½ tesked salt och svartpeppar i grytan; fortsätt koka i ytterligare 12 minuter, rör om då och då. Servera varm.

Näring (för 100g): 200 kalorier 12 g fett 18 g kolhydrater 4 g protein 639 mg natrium

Rustik blomkål och morotshash

Förberedelsetid: 10 minuter

Tillagningstid: 10 minuter

Portioner: 4

Svårighetsgrad: Lätt

Ingredienser:

- 3 matskedar extra virgin olivolja
- 1 stor lök, hackad
- 1 msk vitlök, hackad
- 2 dl morötter, tärnade
- 4 dl blomkålsbitar, tvättade
- 1 tsk salt
- ½ tsk malen spiskummin

Vägbeskrivning:

Koka olivolja, lök, vitlök och morötter i 3 minuter. Skär blomkålen i 1-tums eller lagom stora bitar. Tillsätt blomkål, salt och spiskummin i stekpannan och blanda ihop med morötterna och löken.

Täck och koka i 3 minuter. Häll i grönsakerna och fortsätt koka i ytterligare 3 till 4 minuter. Servera varm.

Näring (för 100g): 159 kalorier 17g Fett 15g Kolhydrater 3g Protein 569mg Natrium

Rostad blomkål och tomater

Förberedelsetid: 5 minuter

Tillagningstid: 25 minuter

Portioner: 4

Svårighetsgrad: Genomsnittlig

Ingredienser:

- 4 koppar blomkål, skuren i 1-tums bitar
- 6 matskedar extra virgin olivolja, uppdelad
- 1 tsk salt, delat
- 4 dl körsbärstomater
- ½ tsk nymalen svartpeppar
- ½ kopp riven parmesanost

Vägbeskrivning:

Värm ugnen till 425°F. Tillsätt blomkålen, 3 matskedar olivolja och ½ tesked salt i en stor skål och rör om så att det blir jämnt. Lägg på en plåt i ett jämnt lager.

I en annan stor skål, tillsätt tomaterna, återstående 3 matskedar olivolja och ½ tesked salt, och rör om så att det blir jämnt. Häll på ett annat bakplåtspapper. Lägg blomkålsarket och tomatarket i ugnen för att rosta i 17 till 20 minuter tills blomkålen är lätt brynt och tomaterna är fylliga.

Använd en spatel, häll upp blomkålen i en serveringsform och toppa med tomater, svartpeppar och parmesanost. Servera varm.

Näring (för 100g): 294 kalorier 14 g fett 13 g kolhydrater 9 g protein 493 mg natrium

Rostad ekollon squash

Förberedelsetid: 10 minuter

Tillagningstid: 35 minuter

Portioner: 6

Svårighetsgrad: Genomsnittlig

Ingredienser:

- 2 ekollon squash, medelstor till stor
- 2 matskedar extra virgin olivolja
- 1 tsk salt, plus mer för smaksättning
- 5 matskedar osaltat smör
- ¼ kopp hackade salviablad
- 2 msk färska timjanblad
- ½ tsk nymalen svartpeppar

Vägbeskrivning:

Värm ugnen till 400°F. Skär ekollonsquashen på mitten på längden. Skrapa ur fröna och skär dem horisontellt i ¾-tums tjocka skivor. I en stor skål, ringla squashen med olivolja, strö över salt och blanda ihop för att täcka.

Lägg ekollonsquashen platt på en plåt. Lägg i bakplåten i ugnen och grädda squashen i 20 minuter. Vänd squashen med en spatel och grädda i ytterligare 15 minuter.

Mjuka upp smöret i en medelstor kastrull på medelvärme. Tillsätt salvia och timjan i det smälta smöret och låt dem koka i 30 sekunder. Lägg över de kokta squashskivorna till en tallrik. Skeda smör/örtblandningen över squashen. Krydda med salt och svartpeppar. Servera varm.

Näring (för 100g): 188 kalorier 13g Fett 16g Kolhydrater 1g Protein 836mg Natrium

Sauterad vitlöksspenat

Förberedelsetid: 5 minuter

Tillagningstid: 10 minuter

Portioner: 4

Svårighetsgrad: Lätt

Ingredienser:

- ¼ kopp extra virgin olivolja
- 1 stor lök, tunt skivad
- 3 vitlöksklyftor, hackade
- 6 (1-pund) påsar babyspenat, tvättade
- ½ tsk salt
- 1 citron, skuren i klyftor

Vägbeskrivning:

Koka olivolja, lök och vitlök i en stor stekpanna i 2 minuter på medelvärme. Tillsätt en påse spenat och ½ tesked salt. Täck pannan och låt spenaten vissna i 30 sekunder. Upprepa (utelämna saltet), tillsätt 1 påse spenat åt gången.

När all spenat har lagts i, ta av locket och koka i 3 minuter, låt en del av fukten avdunsta. Servera varm med citronskal ovanpå.

Näring (för 100g): 301 kalorier 12g Fett 29g Kolhydrater 17g Protein 639mg Natrium

Garlicky sauterad zucchini med mynta

Förberedelsetid: 5 minuter
Tillagningstid: 10 minuter
Portioner: 4
Svårighetsgrad: Lätt

Ingredienser:

- 3 stora gröna zucchinis
- 3 matskedar extra virgin olivolja
- 1 stor lök, hackad
- 3 vitlöksklyftor, hackade
- 1 tsk salt
- 1 tsk torkad mynta

Vägbeskrivning:

Skär zucchinin i ½-tums tärningar. Koka olivolja, lök och vitlök i 3 minuter under konstant omrörning.

Tillsätt zucchinin och saltet i stekpannan och blanda ihop med löken och vitlöken, koka i 5 minuter. Tillsätt myntan i stekpannan, blanda ihop. Koka i ytterligare 2 minuter. Servera varm.

Näring (för 100g): 147 kalorier 16 g fett 12 g kolhydrater 4 g protein 723 mg natrium

Stuvad Okra

Förberedelsetid: 55 minuter

Tillagningstid: 25 minuter

Portioner: 4

Svårighetsgrad: Lätt

Ingredienser:

- ¼ kopp extra virgin olivolja
- 1 stor lök, hackad
- 4 vitlöksklyftor, fint hackade
- 1 tsk salt
- 1 pund färsk eller fryst okra, rengjord
- 1 (15-ounce) burk vanlig tomatsås
- 2 koppar vatten
- ½ kopp färsk koriander, finhackad
- ½ tsk nymalen svartpeppar

Vägbeskrivning:

Blanda och koka olivolja, lök, vitlök och salt i 1 minut. Rör ner okran och koka i 3 minuter.

Tillsätt tomatsås, vatten, koriander och svartpeppar; rör om, täck över och låt koka i 15 minuter, rör om då och då. Servera varm.

Näring (för 100g): 201 kalorier 6 g fett 18 g kolhydrater 4 g protein 693 mg natrium

Söt grönsaksfylld paprika

Förberedelsetid: 20 minuter

Tillagningstid: 30 minuter

Portioner: 6

Svårighetsgrad: Genomsnittlig

Ingredienser:

- 6 stora paprikor, olika färger
- 3 matskedar extra virgin olivolja
- 1 stor lök, hackad
- 3 vitlöksklyftor, hackade
- 1 morot, hackad
- 1 (16-ounce) burk garbanzobönor, sköljda och avrunna
- 3 koppar kokt ris
- 1½ tsk salt
- ½ tsk nymalen svartpeppar

Vägbeskrivning:

Värm ugnen till 350°F. Se till att välja paprika som kan stå upprätt. Skär av pepparlocket och ta bort fröna, spara locket för senare. Lägg paprikorna i en ugnsform.

Värm upp olivolja, lök, vitlök och morötter i 3 minuter. Rör ner garbanzobönorna. Koka i ytterligare 3 minuter. Dra ut ur pannan från värmen och häll de kokta ingredienserna i en stor skål. Tillsätt ris, salt och peppar; kasta för att kombinera.

Fyll varje paprika till toppen och sätt sedan på pepparlocken igen. Fyll ugnsformen med aluminiumfolie och grädda i 25 minuter. Dra ut folien och grädda i ytterligare 5 minuter. Servera varm.

Näring (för 100g): 301 kalorier 15 g fett 50 g kolhydrater 8 g protein 803 mg natrium

Moussaka aubergine

Förberedelsetid: 55 minuter

Tillagningstid: 40 minuter

Portioner: 6

Svårighetsgrad: Svår

Ingredienser:

- 2 stora auberginer
- 2 tsk salt, delat
- Olivolja spray
- ¼ kopp extra virgin olivolja
- 2 stora lökar, skivade
- 10 vitlöksklyftor, skivade
- 2 (15-ounce) burkar tärnade tomater
- 1 (16-ounce) burk garbanzobönor, sköljda och avrunna
- 1 tsk torkad oregano
- ½ tsk nymalen svartpeppar

Vägbeskrivning:

Skiva auberginen horisontellt i ¼-tums tjocka runda skivor. Strö aubergineskivorna med 1 tsk salt och lägg i ett durkslag i 30 minuter.

Värm ugnen till 450°F. Klappa aubergineskivorna torra med hushållspapper och spraya varje sida med en olivolja spray eller pensla lätt varje sida med olivolja.

Sätt ihop auberginen i ett enda lager på en plåt. Sätt in i ugnen och grädda i 10 minuter. Vänd sedan skivorna med en spatel och grädda i ytterligare 10 minuter.

Fräs olivolja, lök, vitlök och resterande 1 tsk salt. Koka 5 minuter under sällan omrörning. Tillsätt tomater, garbanzobönor, oregano och svartpeppar. Sjud i 12 minuter, rör om oregelbundet.

Använd en djup gryta och börja lägga i lager, börja med aubergine och sedan såsen. Upprepa tills alla ingredienser har använts.

Grädda i ugnen i 20 minuter. Ta ut ur ugnen och servera varm.

Näring (för 100g): 262 kalorier 11g Fett 35g Kolhydrater 8g Protein 723mg Natrium

Grönsaksfyllda druvblad

Förberedelsetid: 50 minuter

Tillagningstid: 45 minuter

Portioner: 8

Svårighetsgrad: Genomsnittlig

Ingredienser:

- 2 dl vitt ris, sköljt
- 2 stora tomater, fint tärnade
- 1 stor lök, finhackad
- 1 salladslök, finhackad
- 1 dl färsk italiensk persilja, finhackad
- 3 vitlöksklyftor, hackade
- 2½ teskedar salt
- ½ tsk nymalen svartpeppar
- 1 (16 ounce) burk druvblad
- 1 dl citronsaft
- ½ kopp extra virgin olivolja
- 4 till 6 koppar vatten

Vägbeskrivning:

Kombinera ris, tomater, lök, salladslök, persilja, vitlök, salt och svartpeppar. Häll av och skölj druvbladen. Förbered en stor kruka genom att lägga ett lager druvblad på botten. Lägg varje blad platt och klipp av eventuella stjälkar.

Lägg 2 matskedar av risblandningen vid basen av varje blad. Vik över sidorna och rulla sedan så hårt som möjligt. Lägg de rullade vindruvsbladen i grytan, rada upp varje rullat druvblad. Fortsätt att skikta in de rullade druvbladen.

Häll försiktigt citronsaften och olivoljan över druvbladen och tillsätt tillräckligt med vatten för att täcka druvbladen med 1 tum. Lägg en tung tallrik som är mindre än krukans öppning upp och ner över druvbladen. Täck grytan och koka bladen på medelhög värme i 45 minuter. Låt stå i 20 minuter innan servering. Servera varm eller kall.

Näring (för 100g): 532 kalorier 15 g fett 80 g kolhydrater 12 g protein 904 mg natrium

Grillade auberginerullar

Förberedelsetid: 30 minuter

Tillagningstid: 10 minuter

Portioner: 6

Svårighetsgrad: Genomsnittlig

Ingredienser:

- 2 stora auberginer
- 1 tsk salt
- 4 uns getost
- 1 kopp ricotta
- ¼ kopp färsk basilika, finhackad
- ½ tsk nymalen svartpeppar
- Olivolja spray

Vägbeskrivning:

Skär upp toppen av auberginerna och skär auberginerna på längden i ¼-tums tjocka skivor. Strö skivorna med saltet och lägg auberginen i ett durkslag i 15 till 20 minuter.

Gissla getost, ricotta, basilika och peppar. Förvärm en grill, grillpanna eller lätt oljad stekpanna på medelvärme. Torka aubergineskivorna och spraya lätt med olivolja. Lägg auberginen på grillen, grillpannan eller stekpannan och stek i 3 minuter på varje sida.

Ta ut auberginen från värmen och låt svalna i 5 minuter. För att rulla, lägg en aubergineskiva platt, lägg en matsked av ostblandningen vid basen av skivan och rulla ihop. Servera omedelbart eller kyl till servering.

Näring (för 100g): 255 kalorier 7 g fett 19 g kolhydrater 15 g protein 793 mg natrium

Krispiga Zucchini Fritters

Förberedelsetid: 15 minuter

Tillagningstid: 20 minuter

Portioner: 6

Svårighetsgrad: Lätt

Ingredienser:

- 2 stora gröna zucchinis
- 2 msk italiensk persilja, finhackad
- 3 vitlöksklyftor, hackade
- 1 tsk salt
- 1 kopp mjöl
- 1 stort ägg, uppvispat
- ½ kopp vatten
- 1 tsk bakpulver
- 3 dl vegetabilisk eller avokadoolja

Vägbeskrivning:

Riv zucchinin i en stor skål. Tillsätt persilja, vitlök, salt, mjöl, ägg, vatten och bakpulver i skålen och rör om. Värm olja till 365°F i en stor gryta eller fritös på medelvärme.

Häll ner frittersmeten i den heta oljan med sked. Vänd frittorna med en hålslev och stek tills de är gyllenbruna, cirka 2 till 3 minuter. Sila fritterna från oljan och lägg på en plåt klädd med hushållspapper. Servera varm med Creamy Tzatziki eller Creamy Traditional Hummus som dipp.

Näring (för 100g): 446 kalorier 2g Fett 19g Kolhydrater 5g Protein 812mg Natrium

Ostiga spenatpajer

Förberedelsetid: 20 minuter

Tillagningstid: 40 minuter

Portioner: 8

Svårighetsgrad: Svår

Ingredienser:

- 2 matskedar extra virgin olivolja
- 1 stor lök, hackad
- 2 vitloksklyftor, hackade
- 3 (1-pund) påsar babyspenat, tvättade
- 1 dl fetaost
- 1 stort ägg, uppvispat
- Smördegsark

Vägbeskrivning:

Värm ugnen till 375°F. Värm upp olivolja, lök och vitlök i 3 minuter. Tillsätt spenaten i stekpannan en påse i taget, låt den vissna mellan varje påse. Kasta med en tång. Koka i 4 minuter. När spenaten är kokt, ös bort all överflödig vätska från pannan.

Blanda fetaost, ägg och kokt spenat i en stor skål. Lägg smördegen platt på en bänk. Skär degen i 3-tums rutor. Lägg en matsked av spenatblandningen i mitten av en smördegsruta. Vik över ett hörn av fyrkanten till det diagonala hörnet och bildar en triangel.

Krymp kanterna på pajen genom att trycka ner med pinnarna på en gaffel för att täta ihop dem. Upprepa tills alla rutor är fyllda.

Lägg pajerna på en bakplåtspappersklädd plåt och grädda i 25 till 30 minuter eller tills de är gyllenbruna. Servera varm eller i rumstemperatur.

Näring (för 100g):503 kalorier 6g Fett 38g Kolhydrater 16g Protein 836mg Natrium

Gurksmörgåsbitar

Förberedelsetid: 5 minuter

Tillagningstid: 0 minuter

Portioner: 12

Svårighetsgrad: Lätt

Ingredienser:

- 1 gurka, skivad
- 8 skivor fullkornsbröd
- 2 msk färskost, mjuk
- 1 msk gräslök, hackad
- ¼ kopp avokado, skalad, urkärnad och mosad
- 1 tsk senap
- Salta och svartpeppar efter smak

Vägbeskrivning:

Fördela den mosade avokadon på varje brödskiva, fördela även resten av ingredienserna förutom gurkskivorna.

Dela gurkskivorna på brödskivorna, skär varje skiva i tredjedelar, lägg upp på ett fat och servera som förrätt.

Näring (för 100g): 187 kalorier 12,4g Fett 4,5g Kolhydrater 8,2g Protein 736mg Natrium

Yoghurtdip

Förberedelsetid: 10 minuter

Tillagningstid: 0 minuter

Portioner: 6

Svårighetsgrad: Lätt

Ingredienser:

- 2 koppar grekisk yoghurt
- 2 msk pistagenötter, rostade och hackade
- En nypa salt och vitpeppar
- 2 msk mynta, hackad
- 1 msk kalamataoliver, urkärnade och hackade
- ¼ kopp zaatar krydda
- ¼ kopp granatäpplekärnor
- 1/3 kopp olivolja

Vägbeskrivning:

Blanda yoghurten med pistagenötterna och resten av ingredienserna, vispa väl, dela i små koppar och servera med pitabröd vid sidan om.

Näring (för 100g): 294 kalorier 18g Fett 2g Kolhydrater 10g Protein 593mg Natrium

Tomat Bruschetta

Förberedelsetid: 10 minuter

Tillagningstid: 10 minuter

Portioner: 6

Svårighetsgrad: Lätt

Ingredienser:

- 1 baguette, skivad
- 1/3 kopp basilika, hackad
- 6 tomater, i tärningar
- 2 vitlöksklyftor, hackade
- En nypa salt och svartpeppar
- 1 tsk olivolja
- 1 msk balsamvinäger
- ½ tsk vitlökspulver
- Matlagningsspray

Vägbeskrivning:

Lägg baguetteskivorna på en plåt med bakplåtspapper, smörj med matlagningsspray. Grädda i 10 minuter i 400 grader.

Kombinera tomaterna med basilikan och resten av ingredienserna, blanda väl och låt stå i 10 minuter. Fördela tomatmixen på varje baguetteskiva, lägg upp alla på ett fat och servera.

Näring (för 100g): 162 kalorier 4 g fett 29 g kolhydrater 4 g protein 736 mg natrium

Oliver och ost fyllda tomater

Förberedelsetid: 10 minuter

Tillagningstid: 0 minuter

Portioner: 24

Svårighetsgrad: Lätt

Ingredienser:

- 24 körsbärstomater, toppen avskuren och insidan urtagen
- 2 matskedar olivolja
- ¼ tesked röd paprikaflingor
- ½ kopp fetaost, smulad
- 2 msk svart olivpasta
- ¼ kopp mynta, riven

Vägbeskrivning:

Blanda oliverna i en skål med resten av ingredienserna förutom körsbärstomaterna och vispa väl. Fyll körsbärstomaterna med denna blandning, arrangera dem alla på ett fat och servera som förrätt.

Näring (för 100g): 136 kalorier 8,6g Fett 5,6g Kolhydrater 5,1g Protein 648mg Natrium

Peppar Tapenade

Förberedelsetid: 10 minuter

Tillagningstid: 0 minuter

Portioner: 4

Svårighetsgrad: Lätt

Ingredienser:

- 7 uns rostad röd paprika, hackad
- ½ dl parmesan, riven
- 1/3 kopp persilja, hackad
- 14 uns konserverade kronärtskockor, avrunna och hackade
- 3 matskedar olivolja
- ¼ kopp kapris, avrunnen
- 1 och ½ msk citronsaft
- 2 vitlöksklyftor, hackade

Vägbeskrivning:

I din mixer, kombinera röd paprika med parmesan och resten av ingredienserna och pulsa väl. Dela i koppar och servera som mellanmål.

Näring (för 100g): 200 kalorier 5,6 g fett 12,4 g kolhydrater 4,6 g protein 736 mg natrium

Koriander Falafel

Förberedelsetid: 10 minuter

Tillagningstid: 10 minuter

Portioner: 8

Svårighetsgrad: Lätt

Ingredienser:

- 1 kopp konserverade garbanzobönor
- 1 knippe bladpersilja
- 1 gul lök, hackad
- 5 vitlöksklyftor, hackade
- 1 tsk koriander, mald
- En nypa salt och svartpeppar
- ¼ tesked cayennepeppar
- ¼ tesked bakpulver
- ¼ tesked spiskumminpulver
- 1 tsk citronsaft
- 3 msk tapiokamjöl
- Olivolja till stekning

Vägbeskrivning:

I din matberedare, kombinera bönorna med persiljan, löken och resten av ingredienserna förutom oljan och mjölet och pulsa väl. Överför blandningen till en skål, tillsätt mjölet, rör om väl, forma 16 bollar av denna blandning och platta till dem lite.

Värm pannan på medelhög värme, lägg i falafel, koka dem i 5 minuter på båda sidor, lägg i hushållspapper, rinna av överflödigt fett, lägg dem på ett fat och servera som förrätt.

Näring (för 100g):122 kalorier 6,2 g fett 12,3 g kolhydrater 3,1 g protein 699 mg natrium

Hummus med röd paprika

Förberedelsetid: 10 minuter

Tillagningstid: 0 minuter

Portioner: 6

Svårighetsgrad: Lätt

Ingredienser:

- 6 uns rostad röd paprika, skalad och hackad
- 16 uns konserverade kikärter, avrunna och sköljda
- ¼ kopp grekisk yoghurt
- 3 matskedar tahinipasta
- Saften av 1 citron
- 3 vitlöksklyftor, hackade
- 1 msk olivolja
- En nypa salt och svartpeppar
- 1 msk persilja, hackad

Vägbeskrivning:

I din matberedare, kombinera röd paprika med resten av ingredienserna förutom oljan och persiljan och pulsa väl. Tillsätt oljan, pulsa igen, dela i koppar, strö persiljan ovanpå och servera som festpålägg.

Näring (för 100g): 255 kalorier 11,4g Fett 17,4g Kolhydrater 6,5g Protein 593mg Natrium

White Bean Dip

Förberedelsetid: 10 minuter
Tillagningstid: 0 minuter
Portioner: 4
Svårighetsgrad: Lätt

Ingredienser:

- 15 uns konserverade vita bönor, avrunna och sköljda
- 6 uns konserverade kronärtskockshjärtan, avrunna och i fjärdedelar
- 4 vitlöksklyftor, hackade
- 1 msk basilika, hackad
- 2 matskedar olivolja
- Saften av ½ citron
- Skal av ½ citron, rivet
- Salta och svartpeppar efter smak

Vägbeskrivning:

I din matberedare, kombinera bönorna med kronärtskockorna och resten av ingredienserna förutom oljan och pulsa väl. Tillsätt oljan gradvis, pulsera mixen igen, dela i koppar och servera som en partydipp.

Näring (för 100g): 27 kalorier 11,7g Fett 18,5g Kolhydrater 16,5g Protein 668mg Natrium

Hummus med malet lamm

Förberedelsetid: 10 minuter

Tillagningstid: 15 minuter

Portioner: 8

Svårighetsgrad: Lätt

Ingredienser:

- 10 uns hummus
- 12 uns lammkött, malet
- ½ kopp granatäpplekärnor
- ¼ kopp persilja, hackad
- 1 msk olivolja
- Pitabröd till servering

Vägbeskrivning:

Värm pannan över medelhög värme, koka köttet och bryn i 15 minuter under omrörning ofta. Fördela hummusen på ett fat, fördela det malda lammet över det hela, bred även ut granatäpplekärnor och persiljan och servera med pitabröd som mellanmål.

Näring (för 100g): 133 kalorier 9,7 g Fett 6,4 g Kolhydrater 5,4 g Protein 659 mg Natrium

Aubergine Dip

Förberedelsetid: 10 minuter

Tillagningstid: 40 minuter

Portioner: 4

Svårighetsgrad: Lätt

Ingredienser:

- 1 aubergine, petad med en gaffel
- 2 msk tahinipasta
- 2 msk citronsaft
- 2 vitlöksklyftor, hackade
- 1 msk olivolja
- Salta och svartpeppar efter smak
- 1 msk persilja, hackad

Vägbeskrivning:

Lägg auberginen i en stekpanna, grädda vid 400 grader F i 40 minuter, kyl ner, skala och överför till din matberedare. Blanda resten av ingredienserna förutom persiljan, pulsa väl, dela i små skålar och servera som förrätt med persiljan strös över.

Näring (för 100g): 121 kalorier 4,3 g fett 1,4 g kolhydrater 4,3 g protein 639 mg natrium

Veggie Fritters

Förberedelsetid: 10 minuter

Tillagningstid: 10 minuter

Portioner: 8

Svårighetsgrad: Lätt

Ingredienser:

- 2 vitlöksklyftor, hackade
- 2 gula lökar, hackade
- 4 salladslökar, hackade
- 2 morötter, rivna
- 2 tsk spiskummin, mald
- ½ tsk gurkmejapulver
- Salta och svartpeppar efter smak
- ¼ tesked koriander, mald
- 2 msk persilja, hackad
- ¼ tesked citronsaft
- ½ kopp mandelmjöl
- 2 rödbetor, skalade och rivna
- 2 ägg, vispade
- ¼ kopp tapiokamjöl
- 3 matskedar olivolja

Vägbeskrivning:

I en skål, kombinera vitlöken med löken, salladslöken och resten av ingredienserna förutom oljan, rör om väl och forma medelstora fritter ur denna blandning.

Värm pannan på medelhög värme, lägg frittorna, stek i 5 minuter på varje sida, lägg upp på ett fat och servera.

Näring (för 100g): 209 kalorier 11,2g Fett 4,4g Kolhydrater 4,8g Protein 726mg Natrium

Bulgur lammköttbullar

Förberedelsetid: 10 minuter

Tillagningstid: 15 minuter

Portioner: 6

Svårighetsgrad: Lätt

Ingredienser:

- 1 och ½ koppar grekisk yoghurt
- ½ tesked spiskummin, mald
- 1 dl gurka, strimlad
- ½ tsk vitlök, finhackad
- En nypa salt och svartpeppar
- 1 kopp bulgur
- 2 koppar vatten
- 1-pund lamm, malet
- ¼ kopp persilja, hackad
- ¼ kopp schalottenlök, hackad
- ½ tsk kryddpeppar, mald
- ½ tsk kanelpulver
- 1 msk olivolja

Vägbeskrivning:

Blanda bulguren med vattnet, täck skålen, låt stå i 10 minuter, låt rinna av och lägg över i en skål. Tillsätt köttet, yoghurten och resten av ingredienserna förutom oljan, rör om väl och forma medelstora köttbullar ur denna mix. Värm pannan på medelhög värme, lägg köttbullarna, koka dem i 7 minuter på varje sida, arrangera dem alla på ett fat och servera som förrätt.

Näring (för 100g): 300 kalorier 9,6g Fett 22,6g Kolhydrater 6,6g Protein 644mg Natrium

Gurkabett

Förberedelsetid: 10 minuter

Tillagningstid: 0 minuter

Portioner: 12

Svårighetsgrad: Lätt

Ingredienser:

- 1 engelsk gurka, skivad i 32 rundlar
- 10 uns hummus
- 16 körsbärstomater, halverade
- 1 msk persilja, hackad
- 1-ounce fetaost, smulad

Vägbeskrivning:

Fördela hummusen på varje gurka, dela tomathalvorna på varje, strö ost och persilja på och servera som förrätt.

Näring (för 100g): 162 kalorier 3,4 g fett 6,4 g kolhydrater 2,4 g protein 702 mg natrium

Fylld avokado

Förberedelsetid: 10 minuter

Tillagningstid: 0 minuter

Portioner: 2

Svårighetsgrad: Lätt

Ingredienser:

- 1 avokado, halverad och urkärnad
- 10 uns konserverad tonfisk, avrunnen
- 2 msk soltorkade tomater, hackade
- 1 och ½ msk basilikapesto
- 2 msk svarta oliver, urkärnade och hackade
- Salta och svartpeppar efter smak
- 2 tsk pinjenötter, rostade och hackade
- 1 msk basilika, hackad

Vägbeskrivning:

Blanda tonfisken med de soltorkade tomaterna och resten av ingredienserna förutom avokadon och rör om. Fyll avokadohalvorna med tonfiskmixen och servera som förrätt.

Näring (för 100g): 233 kalorier 9 g fett 11,4 g kolhydrater 5,6 g protein 735 mg natrium

Inslagna plommon

Förberedelsetid: 5 minuter

Tillagningstid: 0 minuter

Portioner: 8

Svårighetsgrad: Lätt

Ingredienser:

- 2 uns prosciutto, skuren i 16 bitar
- 4 plommon, i fjärdedelar
- 1 msk gräslök, hackad
- En nypa röd paprikaflingor, krossade

Vägbeskrivning:

Varva varje plommonfjärdedel i en prosciuttoskiva, lägg upp alla på ett fat, strö gräslök och pepparflingor över och servera.

Näring (för 100g): 30 kalorier 1g fett 4g kolhydrater 2g protein 439mg natrium

Marinerad fetaost och kronärtskockor

Förberedelsetid: 10 minuter, plus 4 timmar inaktiv tid
Tillagningstid: 10 minuter
Portioner: 2
Svårighetsgrad: Lätt

Ingredienser:

- 4 uns traditionell grekisk fetaost, skuren i ½-tums kuber
- 4 uns avrunna kronärtskockshjärtan, i fjärdedelar på längden
- 1/3 kopp extra virgin olivolja
- Skal och saft av 1 citron
- 2 msk grovhackad färsk rosmarin
- 2 msk grovhackad färsk persilja
- ½ tsk svartpepparkorn

Vägbeskrivning:

I en glasskål kombinera feta och kronärtskockshjärtan. Tillsätt olivolja, citronskal och -saft, rosmarin, persilja och pepparkorn och blanda försiktigt till pälsen, var noga med att inte smula sönder fetaosten.

Kyl i 4 timmar, eller upp till 4 dagar. Ta ut ur kylen 30 minuter före servering.

Näring (för 100g): 235 kalorier 23g Fett 1g Kolhydrater 4g Protein 714mg Natrium

Tonfiskkroketter

Förberedelsetid: 40 minuter, plus timmar till över natten för att kyla

Tillagningstid: 25 minuter

Portioner: 36

Svårighetsgrad: Svår

Ingredienser:

- 6 matskedar extra virgin olivolja, plus 1 till 2 koppar
- 5 matskedar mandelmjöl, plus 1 kopp, uppdelat
- 1¼ koppar tung grädde
- 1 (4-ounce) burk olivolja-packad gulfenad tonfisk
- 1 msk hackad rödlök
- 2 tsk hackad kapris
- ½ tsk torkad dill
- ¼ tesked nymalen svartpeppar
- 2 stora ägg
- 1 kopp panko ströbröd (eller en glutenfri version)

Vägbeskrivning:

Värm upp 6 matskedar olivolja på medelhög värme i en stor stekpanna. Tillsätt 5 matskedar mandelmjöl och koka under konstant omrörning tills en slät pasta bildas och mjölet brunnar något, 2 till 3 minuter.

Välj värme till medelhög och blanda gradvis i den tunga grädden, vispa hela tiden tills den är helt slät och tjock, ytterligare 4 till 5 minuter. Ta bort och tillsätt tonfisk, rödlök, kapris, dill och peppar.

Överför blandningen till en 8-tums fyrkantig ugnsform som är väl belagd med olivolja och ställ åt sidan vid rumstemperatur. Slå in och svalna i 4 timmar eller upp till över natten. För att forma kroketterna, ställ ut tre skålar. Vispa ihop äggen i ett. I en annan, tillsätt det återstående mandelmjölet. I den tredje, tillsätt panko. Klä en plåt med bakplåtspapper.

Ös cirka en matsked kall beredd deg i mjölblandningen och rulla till beläggning. Skaka av överskottet och rulla med händerna till en oval.

Doppa kroketten i det uppvispade ägget och täck sedan lätt i panko. Lägg på klädd bakplåtspapper och upprepa med resten av degen.

Värm upp de återstående 1 till 2 kopparna olivolja i en liten kastrull på medelhög värme.

När oljan är uppvärmd, stek kroketterna 3 eller 4 åt gången, beroende på storleken på din panna, ta bort dem med en hålslev när de är gyllenbruna. Du kommer att behöva justera temperaturen på oljan då och då för att förhindra bränning. Om kroketterna blir mörkbruna väldigt snabbt, sänk temperaturen.

Näring (för 100g): 245 kalorier 22g Fett 1g Kolhydrater 6g Protein 801mg Natrium

Rökt lax Crudités

Förberedelsetid: 10 minuter

Tillagningstid: 15 minuter

Portioner: 4

Svårighetsgrad: Lätt

Ingredienser:

- 6 uns rökt vild lax
- 2 msk rostad vitlöksaioli
- 1 msk dijonsenap
- 1 msk hackad salladslök, endast gröna delar
- 2 tsk hackad kapris
- ½ tsk torkad dill
- 4 endiviespjut eller hjärtan av romaine
- ½ engelsk gurka, skuren i ¼-tums tjocka rundlar

Vägbeskrivning:

Skär den rökta laxen grovt och lägg över i en liten skål. Tillsätt aioli, dijon, salladslök, kapris och dill och blanda väl. Toppa endivespjut och gurkrundor med en sked rökt laxblandning och njut av kyld.

Näring (för 100g): 92 kalorier 5g fett 1g kolhydrater 9g protein 714mg natrium

Citrusmarinerade oliver

Förberedelsetid: 4 timmar
Tillagningstid: 0 minuter
Portioner: 2
Svårighetsgrad: Lätt

Ingredienser:

- 2 koppar blandade gröna oliver med gropar
- ¼ kopp rödvinsvinäger
- ¼ kopp extra virgin olivolja
- 4 vitlöksklyftor, finhackade
- Skal och saft av 1 stor apelsin
- 1 tsk röd paprikaflingor
- 2 lagerblad
- ½ tsk malen spiskummin
- ½ tsk mald kryddpeppar

Vägbeskrivning:

Tillsätt oliver, vinäger, olja, vitlök, apelsinskal och juice, rödpepparflingor, lagerblad, spiskummin och kryddpeppar och blanda väl. Förslut och kyl i 4 timmar eller upp till en vecka för att låta oliverna marinera, blanda igen innan servering.

Näring (för 100g): 133 kalorier 14g Fett 2g Kolhydrater 1g Protein 714mg Natrium

Olivtapenad med ansjovis

Förberedelsetid: 1 timme och 10 minuter

Tillagningstid: 0 minuter

Portioner: 2

Svårighetsgrad: Genomsnittlig

Ingredienser:

- 2 koppar urkärnade Kalamata-oliver eller andra svarta oliver
- 2 ansjovisfiléer, hackade
- 2 tsk hackad kapris
- 1 vitlöksklyfta, finhackad
- 1 kokt äggula
- 1 tsk dijonsenap
- ¼ kopp extra virgin olivolja
- Seedy Crackers, mångsidig smörgås, eller grönsaker, för servering (valfritt)

Vägbeskrivning:

Skölj oliverna i kallt vatten och låt rinna av väl. Placera de avrunna oliverna, ansjovisen, kaprisen, vitlöken, äggulan och Dijon i en matberedare, mixer eller en stor burk (om du använder en mixer). Bearbeta tills det bildar en tjock pasta. Under körning häller du gradvis i olivoljan.

Lägg över till en liten skål, täck över och ställ i kylen i minst 1 timme för att låta smakerna utvecklas. Servera med Seedy Crackers, ovanpå en mångsidig smörgåsrunda eller med dina knapriga favoritgrönsaker.

Näring (för 100g): 179 kalorier 19g Fett 2g Kolhydrater 2g Protein 82mg Natrium

Grekiska Deviled ägg

Förberedelsetid: 45 minuter

Tillagningstid: 15 minuter

Portioner: 4

Svårighetsgrad: Lätt

Ingredienser:

- 4 stora hårdkokta ägg
- 2 msk rostad vitlöksaioli
- ½ dl fint smulad fetaost
- 8 urkärnade Kalamata-oliver, finhackade
- 2 msk hackade soltorkade tomater
- 1 msk finhackad rödlök
- ½ tsk torkad dill
- ¼ tesked nymalen svartpeppar

Vägbeskrivning:

Halvera de hårdkokta äggen på längden, ta bort äggulorna och lägg äggulorna i en medelstor skål. Spara äggvitehalvorna och ställ åt sidan. Krossa äggulorna väl med en gaffel. Tillsätt aioli, fetaost, oliver, soltorkade tomater, lök, dill och peppar och rör om tills det är slätt och krämigt.

Häll fyllningen i varje äggvitehalva och kyl i 30 minuter, eller upp till 24 timmar, täckt.

Näring (för 100g): 147 kalorier 11g Fett 6g Kolhydrater 9g Protein 736mg Natrium

Manchego kex

Förberedelsetid: 1 timme och 15 minuter

Tillagningstid: 15 minuter

Portioner: 20

Svårighetsgrad: Svår

Ingredienser:

- 4 matskedar smör, i rumstemperatur
- 1 dl finstrimlad Manchegoost
- 1 dl mandelmjöl
- 1 tsk salt, delat
- ¼ tesked nymalen svartpeppar
- 1 stort ägg

Vägbeskrivning:

Använd en elektrisk mixer för att pussa ihop smör och riven ost tills det är väl blandat och slätt. Blanda mandelmjölet med ½ tsk salt och peppar. Häll gradvis mandelmjölsblandningen till osten, blanda hela tiden tills degen precis går ihop till en boll.

Placera en bit pergament eller plastfolie och rulla till en cylinderstock ca 1½ tum tjock. Förslut tätt och frys sedan i minst 1 timme. Värm ugnen till 350°F. Lägg bakplåtspapper eller silikonmattor i 2 bakplåtar.

För att få ägget att tvätta, pussa ihop ägget och återstående ½ tesked salt. Skiva den kylda degen i små rundlar, cirka ¼ tum tjocka, och lägg på de klädda bakplåtarna.

Äggtvätta toppen av kexen och grädda tills kexen är gyllene och krispiga. Ställ på galler för att svalna.

Servera varm eller, när den väl har svalnat, förvara i en lufttät behållare i kylen i upp till 1 vecka.

Näring (för 100g): 243 kalorier 23g Fett 1g Kolhydrater 8g Protein 804mg Natrium

Burrata Caprese Stack

Förberedelsetid: 5 minuter

Tillagningstid: 0 minuter

Portioner: 4

Svårighetsgrad: Lätt

Ingredienser:

- 1 stor ekologisk tomat, gärna arvegods
- ½ tsk salt
- ¼ tesked nymalen svartpeppar
- 1 (4-ounce) boll burrataost
- 8 färska basilikablad, tunt skivade
- 2 matskedar extra virgin olivolja
- 1 msk rödvin eller balsamvinäger

Vägbeskrivning:

Skiva tomaten i 4 tjocka skivor, ta bort eventuella kärnor i mitten och strö över salt och peppar. Lägg tomaterna med den kryddade sidan uppåt på en tallrik. Skiva burratan i 4 tjocka skivor på en separat kantad tallrik och lägg en skiva ovanpå varje tomatskiva. Toppa var och en med en fjärdedel av basilikan och häll eventuell reserverad burrata-kräm från den kantade plattan över toppen.

Pensla med olivolja och vinäger och servera med gaffel och kniv.

Näring (för 100g): 153 kalorier 13g Fett 1g Kolhydrater 7g Protein 633mg Natrium

Zucchini-Ricotta Fritters med citron-vitlök Aioli

Förberedelsetid: 10 minuter plus 20 minuters vilotid
Tillagningstid: 25 minuter
Portioner: 4
Svårighetsgrad: Svår

Ingredienser:

- 1 stor eller 2 små/medelstora zucchini
- 1 tsk salt, delat
- ½ kopp helmjölksricottaost
- 2 salladslökar
- 1 stort ägg
- 2 vitlöksklyftor, finhackade
- 2 msk hackad färsk mynta (valfritt)
- 2 tsk rivet citronskal
- ¼ tesked nymalen svartpeppar
- ½ kopp mandelmjöl
- 1 tsk bakpulver
- 8 matskedar extra virgin olivolja
- 8 msk rostad vitlöksaioli eller avokadoolja majonnäs

Vägbeskrivning:

Lägg den strimlade zucchinin i ett durkslag eller på flera lager hushållspapper. Strö över ½ tesked salt och låt stå i 10 minuter.

Använd ytterligare ett lager hushållspapper och tryck ner zucchinin för att släppa ut överflödig fukt och klappa den torr. Tillsätt den avrunna zucchinin, ricottan, salladslöken, ägget, vitlöken, mynta (om du använder), citronskal, återstående ½ tsk salt och peppar.

Smörj ihop mandelmjöl och bakpulver. Vänd ner mjölblandningen i zucchiniblandningen och låt vila i 10 minuter. I en stor stekpanna, arbeta i fyra omgångar, stek fritterna. För varje sats om fyra, värm 2 matskedar olivolja över medelhög värme. Tillsätt 1 rågad matsked zucchinismet per fritta, tryck ner med baksidan av en sked för att bilda 2- till 3-tums fritter. Täck över och låt steka 2 minuter innan du vänder. Stek ytterligare 2 till 3 minuter, täckt, eller tills de är krispiga och gyllene och genomstekta. Du kan behöva sänka värmen till medium för att förhindra bränning. Ta bort från pannan och håll varmt.

Upprepa för de återstående tre satserna, använd 2 matskedar av olivoljan för varje sats. Servera fritterna varma med aioli.

Näring (för 100g): 448 kalorier 42g Fett 2g Kolhydrater 8g Protein 744mg Natrium

Laxfyllda gurkor

Förberedelsetid: 10 minuter

Tillagningstid: 0 minuter

Portioner: 4

Svårighetsgrad: Lätt

Ingredienser:

- 2 stora gurkor, skalade
- 1 (4-ounce) burk röd lax
- 1 medium mycket mogen avokado
- 1 msk extra virgin olivolja
- Skal och saft av 1 lime
- 3 matskedar hackad färsk koriander
- ½ tsk salt
- ¼ tesked nymalen svartpeppar

Vägbeskrivning:

Skiva gurkan i 1-tums tjocka segment och använd en sked, skrapa frön från mitten av varje segment och ställ dig upp på en tallrik. I en medelstor skål, blanda lax, avokado, olivolja, limeskal och -saft, koriander, salt och peppar och blanda tills det är krämigt.

Skopa laxblandningen i mitten av varje gurksegment och servera kyld.

Näring (för 100g): 159 kalorier 11g Fett 3g Kolhydrater 9g Protein 739mg Natrium

Getost – Makrillpaté

Förberedelsetid: 10 minuter
Tillagningstid: 0 minuter
Portioner: 4
Svårighetsgrad: Lätt

Ingredienser:

- 4 uns olivolja-packad vildfångad makrill
- 2 uns getost
- Skal och saft av 1 citron
- 2 msk hackad färsk persilja
- 2 msk hackad färsk ruccola
- 1 msk extra virgin olivolja
- 2 tsk hackad kapris
- 1 till 2 teskedar färsk pepparrot (valfritt)
- Kex, gurkor, endivspjut eller selleri, för servering (valfritt)

Vägbeskrivning:

Kombinera makrill, getost, citronskal och -saft, persilja, ruccola, olivolja, kapris och pepparrot (om du använder den) i en matberedare, mixer eller stor skål med en mixer. Bearbeta eller blanda tills den är slät och krämig.

Servera med kex, gurkor, spjut av endiv eller selleri. Förslut täckt i kylen i upp till 1 vecka.

Näring (för 100g): 118 kalorier 8g Fett 6g Kolhydrater 9g Protein 639mg Natrium

Smak av Medelhavets fettbomber

Förberedelsetid: 4 timmar och 15 minuter

Tillagningstid: 0 minuter

Portioner: 6

Svårighetsgrad: Genomsnittlig

Ingredienser:

- 1 dl smulad getost
- 4 matskedar burkpesto
- 12 urkärnade Kalamata-oliver, finhackade
- ½ kopp finhackade valnötter
- 1 msk hackad färsk rosmarin

Vägbeskrivning:

I en medelstor skål, gissa getosten, peston och oliverna och blanda väl med en gaffel. Frys i 4 timmar för att stelna.

Skapa blandningen till 6 bollar med händerna, ca ¾-tums diameter. Blandningen blir klibbig.

I en liten skål, lägg valnötterna och rosmarin och rulla getostbollarna i nötblandningen för att täcka. Förvara fettbomberna i kylen i upp till 1 vecka eller i frysen i upp till 1 månad.

Näring (för 100g): 166 kalorier 15 g fett 1 g kolhydrater 5 g protein 736 mg natrium

Avokado Gazpacho

Förberedelsetid: 15 minuter

Tillagningstid: 10 minuter

Portioner: 4

Svårighetsgrad: Lätt

Ingredienser:

- 2 dl hackade tomater
- 2 stora mogna avokado, halverade och urkärnade
- 1 stor gurka, skalad och kärnad
- 1 medelstor paprika (röd, orange eller gul), hackad
- 1 kopp vanlig helmjölk grekisk yoghurt
- ¼ kopp extra virgin olivolja
- ¼ kopp hackad färsk koriander
- ¼ kopp hackad salladslök, endast grön del
- 2 msk rödvinsvinäger
- Saft av 2 lime eller 1 citron
- ½ till 1 tsk salt
- ¼ tesked nymalen svartpeppar

Vägbeskrivning:

Använd en stavmixer och kombinera tomater, avokado, gurka, paprika, yoghurt, olivolja, koriander, salladslök, vinäger och limejuice. Mixa tills det är slätt.

Krydda och blanda för att kombinera smakerna. Servera kall.

Näring (för 100g): 392 Kalorier 32g Fett 9g Kolhydrater 6g Protein 694mg Natrium

Krabbkaka Salladskoppar

Förberedelsetid: 35 minuter

Tillagningstid: 20 minuter

Portioner: 4

Svårighetsgrad: Genomsnittlig

Ingredienser:

- 1-punds jumboklumpkrabba
- 1 stort ägg
- 6 msk rostad vitlöksaioli
- 2 msk dijonsenap
- ½ kopp mandelmjöl
- ¼ kopp finhackad rödlök
- 2 tsk rökt paprika
- 1 tsk sellerisalt
- 1 tsk vitlökspulver
- 1 tsk torkad dill (valfritt)
- ½ tsk nymalen svartpeppar
- ¼ kopp extra virgin olivolja
- 4 stora Bibb-salladsblad, tjock rygg borttagen

Vägbeskrivning:

Lägg krabbaköttet i en stor skål och plocka ut eventuella synliga skal, bryt sedan isär köttet med en gaffel. I en liten skål, pussa ihop ägget, 2 msk aioli och dijonsenap. Lägg till krabbköttet och blanda med en gaffel. Tillsätt mandelmjöl, rödlök, paprika, sellerisalt, vitlökspulver, dill (om du använder) och peppar och blanda väl. Låt vila i rumstemperatur i 10 till 15 minuter.

Forma till 8 små kakor, ca 2 tum i diameter. Koka olivoljan på medelhög värme. Stek kakorna tills de fått färg, 2 till 3 minuter per sida. Slå in, sänk värmen till låg och koka i ytterligare 6 till 8 minuter, eller tills den stelnat i mitten. Ta bort från stekpannan.

För att servera, slå in 2 små krabbakakor i varje salladsblad och toppa med 1 msk aioli.

Näring (för 100g): 344 kalorier 24g Fett 2g Kolhydrater 24g Protein 804mg Natrium

Orange-dragon kyckling sallad wrap

Förberedelsetid: 15 minuter

Tillagningstid: 0 minuter

Portioner: 4

Svårighetsgrad: Lätt

Ingredienser:

- ½ kopp vanlig helmjölk grekisk yoghurt
- 2 msk dijonsenap
- 2 matskedar extra virgin olivolja
- 2 msk färsk dragon
- ½ tsk salt
- ¼ tesked nymalen svartpeppar
- 2 koppar tillagad strimlad kyckling
- ½ kopp strimlad mandel
- 4 till 8 stora Bibb-sallatsblad, den hårda stjälken borttagen
- 2 små mogna avokado, skalade och tunt skivade
- Skal av 1 clementin, eller ½ liten apelsin (ca 1 matsked)

Vägbeskrivning:

Blanda yoghurt, senap, olivolja, dragon, apelsinskal, salt och peppar i en medelstor skål och vispa tills det är krämigt. Tillsätt den strimlade kycklingen och mandeln och rör om för att täcka.

För att montera omslagen, placera cirka ½ kopp kycklingsalladsblandning i mitten av varje salladsblad och toppa med skivad avokado.

Näring (för 100g): 440 kalorier 32g l Fett 8g Kolhydrater 26g Protein 607mg Natrium

Feta och Quinoa fyllda svampar

Förberedelsetid: 5 minuter

Tillagningstid: 8 minuter

Portioner: 6

Svårighetsgrad: Genomsnittlig

Ingredienser:

- 2 msk fint tärnad röd paprika
- 1 vitlöksklyfta, finhackad
- ¼ kopp kokt quinoa
- 1/8 tsk salt
- ¼ tesked torkad oregano
- 24 knappsvampar, stjälkade
- 2 uns smulad fetaost
- 3 matskedar fullkornsbrödsmulor
- Olivolja matlagning spray

Vägbeskrivning:

Förvärm airfryern till 360°F. Blanda paprika, vitlök, quinoa, salt och oregano i en liten skål. Häll quinoafyllningen i svamplocken tills den precis är fylld. Lägg en liten bit fetaost på toppen av varje svamp. Strö en nypa brödsmulor över fetaosten på varje svamp.

Sätt i luftfrityrarens korg med matlagningsspray med olivolja och lägg sedan försiktigt svampen i korgen, se till att de inte rör vid varandra.

Lägg korgen i airfryern och grädda i 8 minuter. Ta bort från airfryern och servera.

Näring (för 100g): 97 kalorier 4 g fett 11 g kolhydrater 7 g protein 677 mg natrium

Fem-ingrediens falafel med vitlök-yoghurtsås

Förberedelsetid: 5 minuter
Tillagningstid: 15 minuter
Portioner: 4
Svårighetsgrad: Svår

Ingredienser:

- Till falafeln
- 1 (15-ounce) burk kikärter, avrunna och sköljda
- ½ kopp färsk persilja
- 2 vitloksklyftor, hackade
- ½ msk mald spiskummin
- 1 msk fullkornsvetemjöl
- Salt
- Till vitlök-yoghurtsåsen
- 1 kopp fettfri vanlig grekisk yoghurt
- 1 vitloksklyfta, finhackad
- 1 msk hackad färsk dill
- 2 msk citronsaft

Vägbeskrivning:

För att göra falafel

Förvärm airfryern till 360°F. Lägg kikärtorna i en matberedare. Pulsera tills det mesta är hackat, tillsätt sedan persilja, vitlök och spiskummin och pulsa i ytterligare några minuter, tills ingredienserna blir till en deg.

Tillsätt mjölet. Pulsera några gånger till tills det blandas. Degen får konsistens, men kikärtorna ska pulsas i små bitar. Använd rena händer och rulla degen till 8 lika stora bollar, klappa sedan ner bollarna lite så att de blir cirka ½ tjocka skivor.

Lägg luftfrityrarens korg med matlagningsspray med olivolja och lägg sedan falafelbiffarna i korgen i ett enda lager, se till att de inte rör vid varandra. Stek i air fryer i 15 minuter.

För att göra vitlök-yoghurtsåsen

Blanda yoghurt, vitlök, dill och citronsaft. När falafeln är färdigkokt och fint brynt på alla sidor, ta bort dem från airfryern och smaka av med salt. Servera den varma sidan av dipsåsen.

Näring (för 100g): 151 kalorier 2 g fett 10 g kolhydrater 12 g protein 698 mg natrium

Citronräkor med vitlök olivolja

Förberedelsetid: 5 minuter

Tillagningstid: 6 minuter

Portioner: 4

Svårighetsgrad: Genomsnittlig

Ingredienser:

- 1-pund medelstora räkor, rensade och deveirade
- ¼ kopp plus 2 msk olivolja, uppdelad
- Saften av ½ citron
- 3 vitlöksklyftor, hackade och delade
- ½ tsk salt
- ¼ tesked röd paprikaflingor
- Citronklyftor, för servering (valfritt)
- Marinarasås, för doppning (valfritt)

Vägbeskrivning:

Förvärm airfryern till 380°F. Släng i räkorna med 2 matskedar av olivolja, citronsaft, 1/3 av hackad vitlök, salt och rödpepparflingor och täck väl.

I en liten ramekin, kombinera den återstående ¼ koppen olivolja och den återstående hackade vitlöken. Riv av ett 12 x 12-tums ark av aluminiumfolie. Placera räkorna i mitten av folien, vik sedan upp sidorna och krympa kanterna så att det bildar en aluminiumfolieskål som är öppen ovanpå. Lägg detta paket i air fryer-korgen.

Rosta räkorna i 4 minuter, öppna sedan airfryern och lägg ramekin med olja och vitlök i korgen bredvid räkpaketet. Koka i ytterligare 2 minuter. Överför räkorna på ett serveringsfat eller ett fat med ramekin vitlök olivolja på sidan för doppning. Du kan även servera med citronklyftor och marinarasås om så önskas.

Näring (för 100g): 264 kalorier 21g Fett 10g Kolhydrater 16g Protein 473mg Natrium

Krispiga gröna bönfrites med citron-yoghurtsås

Förberedelsetid: 5 minuter
Tillagningstid: 5 minuter
Portioner: 4
Svårighetsgrad: Genomsnittlig

Ingredienser:

- För de gröna bönorna
- 1 ägg
- 2 matskedar vatten
- 1 msk fullkornsvetemjöl
- ¼ tesked paprika
- ½ tsk vitlökspulver
- ½ tsk salt
- ¼ kopp fullkornsbröd
- ½ pund hela gröna bönor
- Till citron-yoghurtsåsen
- ½ kopp fettfri vanlig grekisk yoghurt
- 1 msk citronsaft
- ¼ tesked salt
- 1/8 tsk cayennepeppar

Riktning:

För att göra de gröna bönorna

Förvärm airfryern till 380°F.

I en medelgrund skål, kombinera ägget och vattnet tills det skummar. I en separat medelstor skål, vispa ihop mjöl, paprika, vitlökspulver och salt och blanda sedan i brödsmulorna.

Sprid botten av airfryern med matlagningsspray. Doppa varje gröna böna i äggblandningen, sedan i brödsmulsblandningen, täck utsidan med smulorna. Placera de gröna bönorna i ett enda lager i botten av airfryer-korgen.

Stek i airfryern i 5 minuter, eller tills paneringen är gyllenbrun.

För att göra citron-yoghurtsåsen

Tillsätt yoghurt, citronsaft, salt och cayennepeppar. Servera pommes fritesen tillsammans med citron-yoghurtsåsen som mellanmål eller aptitretare.

Näring (för 100g): 88 kalorier 2g Fett 10g Kolhydrater 7g Protein 697mg Natrium

Hemgjorda havssalt Pita Chips

Förberedelsetid: 2 minuter

Tillagningstid: 8 minuter

Portioner: 2

Svårighetsgrad: Lätt

Ingredienser:

- 2 helvete pitas
- 1 msk olivolja
- ½ tsk kosher salt

Vägbeskrivning

Förvärm airfryern till 360°F. Skär varje pitabröd i 8 klyftor. I en medelstor skål, blanda pitablyftorna, olivolja och salt tills klyftorna är belagda och olivoljan och saltet är jämnt fördelat.

Lägg pitablyftorna i air fryer-korgen i ett jämnt lager och stek i 6 till 8 minuter.

Smaka av med ytterligare salt om så önskas. Servera ensam eller med en favoritdipp.

Näring (för 100g): 230 kalorier 8g fett 11g kolhydrater 6g protein 810mg natrium

Bakad Spanakopita Dip

Förberedelsetid: 10 minuter

Tillagningstid: 15 minuter

Portioner: 2

Svårighetsgrad: Genomsnittlig

Ingredienser:

- Olivolja matlagning spray
- 3 msk olivolja, delad
- 2 msk finhackad vitlök
- 2 vitlöksklyftor, hackade
- 4 dl färsk spenat
- 4 uns färskost, mjukad
- 4 uns fetaost, uppdelad
- Skal av 1 citron
- ¼ tesked mald muskotnöt
- 1 tsk torkad dill
- ½ tsk salt
- Pitabröd, morotsstavar eller skivat bröd för servering (valfritt)

Vägbeskrivning:

Förvärm airfryern till 360°F. Belägg insidan av en 6-tums ramekin eller ugnsform med matlagningsspray med olivolja.

I en stor stekpanna på medelvärme, värm 1 matsked av olivoljan. Tillsätt löken och koka sedan i 1 minut. Tillsätt vitlöken och koka under omrörning i ytterligare 1 minut.

Sänk värmen och blanda spenaten och vattnet. Koka tills spenaten har vissnat. Ta av stekpannan från värmen. I en medelstor skål, gissa färskosten, 2 uns av fetaosten och resten av olivolja, citronskal, muskotnöt, dill och salt. Blanda tills det precis är blandat.

Lägg grönsakerna till ostbasen och rör om tills de blandas. Häll doppblandningen i den förberedda ramekinen och toppa med de återstående 2 unsen fetaost.

Lägg dippen i airfryer-korgen och koka i 10 minuter, eller tills den är genomvärmd och bubblar. Servera med pitabröd, morotsstavar eller skivat bröd.

Näring (för 100g): 550 kalorier 52 g fett 21 g kolhydrater 14 g protein 723 mg natrium

Rostad pärllöksdip

Förberedelsetid: 5 minuter

Tillagningstid: 12 minuter plus 1 timme att kyla

Portioner: 4

Svårighetsgrad: Genomsnittlig

Ingredienser:

- 2 dl skalad pärllök
- 3 vitlöksklyftor
- 3 msk olivolja, delad
- ½ tsk salt
- 1 kopp fettfri vanlig grekisk yoghurt
- 1 msk citronsaft
- ¼ tesked svartpeppar
- 1/8 tsk röd paprikaflingor
- Pitabröd, grönsaker eller rostat bröd för servering (valfritt)

Vägbeskrivning:

Förvärm airfryern till 360°F. I en stor skål, kombinera pärllöken och vitlöken med 2 matskedar av olivoljan tills löken är väl belagd.

Häll blandningen av vitlök och lök i airfryer-korgen och rosta i 12 minuter. Lägg vitlöken och löken i en matberedare. Pulsera grönsakerna flera gånger, tills löken är hackad men fortfarande har några bitar.

Släng i vitlök och lök och den återstående 1 msk olivolja, tillsammans med salt, yoghurt, citronsaft, svartpeppar och rödpepparflingor. Kyl i 1 timme innan servering med pitabröd, grönsaker eller rostat bröd.

Näring (för 100g): 150 kalorier 10 g fett 6 g kolhydrater 7 g protein 693 mg natrium

Röd paprika Tapenade

Förberedelsetid: 5 minuter

Tillagningstid: 5 minuter

Portioner: 4

Svårighetsgrad: Genomsnittlig

Ingredienser:

- 1 stor röd paprika
- 2 matskedar plus 1 tesked olivolja
- ½ kopp Kalamata-oliver, urkärnade och grovt hackade
- 1 vitlöksklyfta, finhackad
- ½ tsk torkad oregano
- 1 msk citronsaft

Vägbeskrivning:

Förvärm airfryern till 380°F. Pensla utsidan av en hel röd paprika med 1 tsk olivolja och lägg den i air fryer-korgen. Rosta i 5 minuter. Under tiden, i en medelstor skål införliva de återstående 2 matskedar olivolja med oliver, vitlök, oregano och citronsaft.

Ta bort den röda paprikan från fritösen, skär sedan försiktigt av stjälken och ta bort fröna. Hacka den rostade paprikan grovt i små bitar.

Tillsätt röd paprika till olivblandningen och rör ihop allt tills det blandas. Servera med pitabröd, kex eller knaprigt bröd.

Näring (för 100g): 104 kalorier 10 g fett 9 g kolhydrater 1 g protein 644 mg natrium

Grekiska potatisskal med oliver och fetaost

Förberedelsetid: 5 minuter
Tillagningstid: 45 minuter
Portioner: 4
Svårighetsgrad: Svår

Ingredienser:

- 2 rödbruna potatisar
- 3 matskedar olivolja
- 1 tsk koshersalt, uppdelat
- ¼ tesked svartpeppar
- 2 matskedar färsk koriander
- ¼ kopp Kalamata-oliver, tärnade
- ¼ kopp smulad fetaost
- Hackad färsk persilja, för garnering (valfritt)

Vägbeskrivning:

Förvärm airfryern till 380°F. Använd en gaffel, stick 2 till 3 hål i potatisen, täck sedan varje med cirka ½ msk olivolja och ½ tsk salt.

Lägg potatisen i airfryer-korgen och grädda i 30 minuter. Ta bort potatisen från airfryern och skär i halvor. Skrapa ur köttet av potatisen med en sked, lämna ett ½-tums lager potatis inuti skalen och ställ skalet åt sidan.

I en medelstor skål, kombinera den öste potatisen med de återstående 2 matskedar olivolja, ½ tesked salt, svartpeppar och koriander. Blanda tills det är väl blandat. Dela potatisfyllningen i de nu tomma potatisskalen, fördela den jämnt över dem. Toppa varje potatis med en matsked av oliverna och fetaosten.

Lägg tillbaka de laddade potatisskalen i luftfritösen och grädda i 15 minuter. Servera med ytterligare hackad koriander eller persilja och en klick olivolja, om så önskas.

Näring (för 100g): 270 kalorier 13 g fett 34 g kolhydrater 5 g protein 672 mg natrium

Kronärtskocka och oliv Pitabröd

Förberedelsetid: 5 minuter
Tillagningstid: 10 minuter
Portioner: 4
Svårighetsgrad: Lätt

Ingredienser:

- 2 helvete pitas
- 2 msk olivolja, delad
- 2 vitlöksklyftor, hackade
- ¼ tesked salt
- ½ kopp konserverade kronärtskockshjärtan, skivade
- ¼ kopp Kalamata oliver
- ¼ kopp strimlad parmesan
- ¼ kopp smulad fetaost
- Hackad färsk persilja, för garnering (valfritt)

Vägbeskrivning:

Förvärm airfryern till 380°F. Pensla varje pitabröd med 1 msk olivolja, strö sedan över den hackade vitlöken och saltet över toppen.

Fördela kronärtskockshjärtan, oliver och ostar jämnt mellan de två pitaborna och lägg båda i luftfriteraren för att grädda i 10 minuter. Ta bort pitorna och skär dem i 4 bitar vardera före servering. Strö persilja över toppen, om så önskas.

Näring (för 100g): 243 kalorier 15 g fett 10 g kolhydrater 7 g protein 644 mg natrium

Mini Crab Cakes

Förberedelsetid: 10 minuter

Tillagningstid: 10 minuter

Portioner: 6

Svårighetsgrad: Genomsnittlig

Ingredienser:

- 8 uns klump krabba kött
- 2 msk tärnad röd paprika
- 1 salladslök, vita delar och gröna delar, tärnad
- 1 vitlöksklyfta, finhackad
- 1 msk kapris, hackad
- 1 matsked fettfri vanlig grekisk yoghurt
- 1 ägg, uppvispat
- ¼ kopp fullkornsbröd
- ¼ tesked salt
- 1 msk olivolja
- 1 citron, skuren i klyftor

Vägbeskrivning:

Förvärm airfryern till 360°F. Blanda krabban, paprikan, salladslöken, vitlöken och kaprisen i en medelstor skål tills de kombineras. Tillsätt yoghurten och ägget. Rör om tills det är inkorporerat. Blanda i ströbrödet och saltet.

Dela blandningen i 6 lika delar och klappa ut till biffar. Lägg krabbakakorna i airfryer-korgen på ett lager, separat. Smörj toppen av varje biff med lite olivolja. Grädda i 10 minuter.

Ta bort crab cakes från airfryern och servera med citronklyftor vid sidan av.

Näring (för 100g): 87 kalorier 4g fett 6g kolhydrater 9g protein 574mg natrium

Zucchini Feta Rulader

Förberedelsetid: 10 minuter

Tillagningstid: 10 minuter

Portioner: 6

Svårighetsgrad: Genomsnittlig

Ingredienser:

- ½ kopp fetaost
- 1 vitlöksklyfta, finhackad
- 2 msk färsk basilika, hackad
- 1 msk kapris, hackad
- 1/8 tsk salt
- 1/8 tsk röd paprikaflingor
- 1 msk citronsaft
- 2 medelstora zucchinis
- 12 tandpetare

Vägbeskrivning:

Förvärm airfryern till 360°F. (Om du använder ett grilltillbehör, se till att det är inuti airfryern under förvärmningen.) Blanda fetaost, vitlök, basilika, kapris, salt, rödpepparflingor och citronsaft i en liten skål.

Skiva zucchinin i 1/8-tums remsor på längden. (Varje zucchini bör ge cirka 6 remsor.) Bred ut 1 matsked av ostfyllningen på varje skiva zucchini, rulla sedan ihop den och lås den med en tandpetare i mitten.

Lägg zucchini-rulladerna i air fryer-korgen i ett lager, individuellt. Grädda eller grilla i luftfriteraren i 10 minuter. Ta bort zucchinirulladerna från airfryern och ta försiktigt bort tandpetarna innan servering.

Näring (för 100g): 46 kalorier 3g fett 6g kolhydrater 3g protein 710mg natrium

www.ingramcontent.com/pod-product-compliance
Lightning Source LLC
Chambersburg PA
CBHW070423120526
44590CB00014B/1507